ハーパーコリンズ・ジャパン

はじめに INTRODUCTION

「ど本命」だったハズなのに最近彼が冷たい貴女へ。
「ど本命復活」するメス力、ステップ化してお伝えします。

あんなに私にメロメロで絵に描いたような「ど本命」だった彼氏なのに。最近そっけなかったり、会う回数を減らされたり、ケチくさかったり、上から目線な瞬間があったり……。

「昔はあんなに全力で祝ってくれてた私の誕生日、露骨に手抜きされた……。もしかして『ど本命』から転落しちゃったのかな（涙）？」

全国の愛され迷子の皆さま、こんにちは。
恋愛コラムニストの神崎メリです。

メス力を実践してど本命と結ばれた報告が相次ぐなか、「最近ど本命から転落しちゃったとしか思えません（泣）」というご相談も殺到しております……。

貴女は彼がこんな風に変わってしまったことを悩んではいませんか？

「ど本命だったのに！」最近雑になった彼

・彼の方から率先して会いたがっていたのに、最近私から会う約束してばかりでさみしい
・ほっといてもLINEがガンガンきていたのに、最近はスタンプで即終了
・「かわいいね」って言ってくれてたのに、甘い言葉を言ってくれなくなった
・話をする私を優しい目で見つめてきた彼、いまはスマホの画面見ながらテキトーに返事
・ガラス細工を愛しむように抱いてくれてHの後も甘々だった彼、最近Hが手抜きで即爆睡～！
・私の提案に「いいよ」と快諾してくれていた彼、最近はいちいち「え～？」とか

反論してきて喧嘩になる

・相談や愚痴に真剣に耳を傾けて優しくしてくれてた彼、最近は相談すると謎に説教で返される……（ダルッ）

・喧嘩のとき思わず涙がこぼれると「ごめん」と謝ってくれた彼、最近は泣くと（出た……）みたいな態度で返される

・以前は結婚に前向きだった彼、最近は「仕事が忙しいからな〜」と曖昧にしてごまかす

・私に会えるだけでウッキウキだった彼、明らかに熱量と優先順位が下がってる（ごめん、家で仕事するから日曜会おう）

メロメロに溺愛されていたど本命だったからこそ、この変化が「ツラぁ！」って感じなんですよね……（涙）。

でもラブラブをあきらめてしまったり、お見切りするのはちょっと待って！

ど本命から転落してしまった原因は、ズバリ貴女が「ど本命クラッシャー」を繰

り返してしまったからです。だから「ど本命クラッシャー」する癖を直せば「ど本命復活」のチャンスがあります！

まずはこちらの「ど本命チェックリスト」をご覧ください。

彼が貴女とお付き合いしてから1年間はこのリストに当てはまる行動を取っていた場合、「ど本命復活」は夢ではありません！

ど本命チェックリスト

・貴女がOK出すまでHを待ってくれた（急かさない）
・5分顔を見るためだけに会いに来てくれた
・貴女に金銭的負担、移動の負担をかけることを嫌がる
・貴女が「イヤ」と伝えたことは二度としない（反省）
・貴女の横顔をジーッと見つめてくる（見てるだけで幸せ）
・H中の宝物扱いがすごい
・H終了直後も優しく、その後も一緒に過ごしたがる

・付き合う前から結婚前提
・「料理苦手なの」「全然大丈夫」と貴女の苦手なことに理解がある
・仕事以外の時間を貴女に使いたがる（会うと元気になる）
・「LINEして」と言わなくてもじゃんじゃん送ってくる
・一緒にいて不安になることがマジでない
・誕生日、うれしそうにお祝いしてくれる
・彼の友達や家族が「アイツ変わったなぁ〜」と驚く
・貴女の価値観、生き方を否定しないので一緒にいて楽
・不器用だけど貴女が不快にならないように気を使ってくれる

これに複数当てはまる場合、貴女は間違いなく彼の「ど本命」だったハズですよ。
「ど本命クラッシャー」をやめてど本命復活を目指しましょう！

男性の心が離れてしまう「ど本命クラッシャー」は大きく分けて4つのタイプがあります。

支配系クラッシャー（彼の男性性を潰してしまう）
甘ったれ系クラッシャー（彼に叱られがちな関係になってしまう）
オドオド系クラッシャー（オラオラ男やモラ男育成のプロ）
感情暴走系クラッシャー（彼をイラつかせるプロ……）

これらのど本命クラッシャーを一度や二度ではなく日常的にやり続けられてしまうと、どんなに愛情深い男性だって気持ちがポッキリと折れてしまうのです。「この子のことを愛してるのに一緒にいると辛い……」と大好きな彼のことを痛めつける行為が「ど本命クラッシャー」。

彼を傷つけていたと自覚して、関係復活を目指せばいいのですよ。

貴女がどのど本命クラッシャータイプかは（P21～22）の〈ど本命クラッシャータイプ診断〉で見極めてもらいます（複合型もあるで！）。

まずは自分の弱点をハッキリさせましょう！　自分の弱点をきちんと自覚したら、3段階の「ど本命復活ステップ」を実践しますよ！

ど本命復活ステップ

ステップ1
「気付き」
どうしてど本命クラッシャーしてしまうのか？

自分のことを理解して、客観的になります

ステップ2

「マインド」

ど本命クラッシャーしそうなとき、どんな気持ちに切り替えるべきか？
マインドセットを身につけます

ステップ3

「行動」

いままでならど本命クラッシャーしてしまったポイントを、
5つのメス力を使って彼の心をあたためる行動に置き換えます

なぜ自分がクラッシャーしちゃうのか？　ちゃんと理解していないと、メス力を実践するにあたって貴女は自分に嘘をついているような感覚になってしまいます（心が納得してないのやな）。

すると一瞬行動を変えられたとしても、すぐ元のクラッシャー体質の自分に戻ってしまうのです！

ちゃんと自分を理解して、気持ちを切り替えて、メス力。

これが貴女の行動と、二人の関係を根本から変えるために必要なことなんです！

「気付き」↓「マインド」と自分を見つめ直し、切り替えてから、「行動」のステップでメス力を投入。ここでしっかり彼の心をホカホカにあたためちゃいましょう。

しかもど本命復活するためのメス力はたった5つだけ！

謝罪のメス力（彼の優しさを引き出す）
感謝のメス力（彼の気前の良さを引き出す）
尊敬のメス力（彼を紳士に変えてしまう）
自立のメス力（彼が一緒に過ごしてくつろげる）
凛とするメス力（彼が愛し続けたくなる）

この5つのメス力をコツコツと実践することによって、傷付いた二人の関係をじわじわと修復していきます。


最近彼がそっけない、変わってしまったと感じる貴女にお聞きします。

男女の関係、3年が消費期限だと思いますか？

「どうせ男なんて新鮮な関係が好きなんだよ、私に飽きたんだよ」と愛し愛されるあたたかい関係をあきらめちゃいますか？


貴女がほんの少し変われば、未来は大きく変わるかもしれないのに。

彼から「ど本命」として愛され選ばれた貴女には、たくさんの魅力があるのですよ！　そこに彼は心惹かれ、心躍り、心をつかまれた。

でも私たち女性は関係が深くなるにつれて、彼に醜い部分ばかり見せつけて自分のよさを魅せることを忘れてしまいがちなんです。

もしも貴女が、彼から昔のように優しい瞳で見つめられたい、大切な宝物のようにまた扱って欲しいと願うのであれば、ステップを一歩ずつ踏んで、ど本命クラッシャーする癖を、愛されるメス力をする癖に塗り替えていけばいいのです！

最初のうちは苦労するかもしれません。彼にど本命クラッシャーしてしまう癖が身についてしまっているから。でも最低でも2週間くらいは意識してください。彼の愛情が戻ってきたのを感じたとき、貴女はもう二度とやらかしていた頃の自分に戻りたくないハズです。

そして「ど本命復活」を遂げたとき、彼に対する不満がほとんどなくなって、そもそもど本命クラッシャーする原因がなくなっていることに気が付くことでしょう。

人間の行動は変えられます。私もど本命クラッシャーをしまくる人生だったからこそ、胸を張って言えます。貴女は変われるのです！

さぁ、壊れかけの彼との関係を貴女の手で修復するため！
「ど本命復活ステップ」しっかりと踏んでいきますよ！

CONTENTS

CASE 1

男を無能に育てちゃう、完璧主義で攻撃力高めな

支配系クラッシャー

CASE 2

男がスパルタオトン化、世間知らずで依存度強めの甘ったれ系クラッシャー

CASE 3

男を俺様に育てちゃう、ひたすら尽くして我慢する オドオド系クラッシャー

CASE

4

男を逃げ出したくさせちゃう、喜怒哀楽＆妄想激しめ感情暴走系クラッシャー

あなたは何タイプ?

ど本命クラッシャー診断

スタート

男性に
尽くされるより、
尽くす方が多い

正直、その辺の男は
気が利かない奴が多く、
自分の方が
優秀だと感じる

ぶっちゃけ、
働きたくない!
養ってくれる男が
一番の理想!

← YES

←…… NO

誤植に関するお詫びと訂正

本書P.21「ど本命クラッシャー診断」にて
下記の通り誤りがございました。お詫びして訂正いたします。

誤）オドオド系クラッシャーのあなたはP87へ！

↓

正）オドオド系クラッシャーのあなたはP137へ！

誤）甘ったれ系クラッシャーのあなたはP137へ！

↓

正）甘ったれ系クラッシャーのあなたはP87へ！

株式会社ハーパーコリンズ・ジャパン　一般書籍編集部

尽くされると
「そうじゃないんだよな」と
感じることが多く
「こうやるんだよ」と
正解をやってみせる

オドオド系
クラッシャー
のあなたは
P87へ!

尽くされると
申し訳ない気持ちになって
金銭的にちゃんと
釣り合ったお礼をしないと
落ち着かない

甘ったれ系
クラッシャー
のあなたは
P137へ!

女友達や家族からも
面倒ごとを引き受けて
もらえることが多い。
なんだかんだ
得してるなと感じる

感情暴走系
クラッシャー
のあなたは
P187へ!

言いたいことを
我慢するのは、
本音が言えない
浅い関係だと思うし、
愛情もどんどん伝えるべき!

ど本命復活のための

5つの「メス力」

1

彼に冷たくされるようになった貴女がど本命復活する「謝罪のメス力」

謝罪を渋る女は、男性から優しさを渋られます。〝素直に謝れる女〟に変われば再び優しさを引き出せます。

男性心理

男性にとって意地を張っている女性はかわいげがありませぬ！　それどころか敵対関係になってしまいます。素直に謝罪できる女性は庇護（ひご）対象。男性の優しさを引き出す「俺のかわいこちゃん」なのです！

謝れない女性は男性の闘争本能を刺激してしまい、対立関係になってしまいます。男性は（そうは見えないタイプでも）女性が思う以上にプライドが高いイキモノ。貴女が意地を張り、むしろ責め立ててきて傷つけられたことを静かに根に持っています……（男の怖さやｗ）。

すると病気やトラブルに巻き込まれたとき、人生の岐路に立ったとき、義実家と揉めたときなどに貴女の味方にはなってくれず、冷たい対応をされて絶望することになってしまうのです（しっぺ返しな）。**意地っ張りで謝れない女性は、男性の冷酷な一面を引き出してしまうのです。**

いっぽう、自分が悪かったな、言いすぎてしまったなと感じたときに、素直に「さっきは嫌な言い方してごめんね」と謝れる女性は、男性の優しい気持ちを引き出します。好きな女性が素直に非を認めている姿に罪悪感と愛おしさ（守ってあげな！）を感じるのです。すると、プライドが高く謝罪が苦手な男性でも「俺もごめんね」と言える関係になるので、喧嘩したとしてもこじれません。

年齢を重ねると頑固になる人が増えるもの（男女関係なくやで）。その中でも非を認められる女性は柔軟性が溢れていて謙虚でとても愛くるしいのです！　謝れる女性は歳を重ねるほど愛されますよ。

ど本命に復活するために「素直さ」「謙虚さ」を身につけましょう！

2

彼に雑な扱いをされるようになった貴女がど本命復活する「感謝のメス力」

感謝を渋る女は、男性から手間を掛けることを渋られます。感謝は心のアメちゃん。甘いご褒美を与えられる女に男は癒されます。

男性心理

女性の明るい「ありがとう」に男性がどれだけ救われるか。ちゃんと自分の善意を掬(すく)い上げて喜んでくれている。その彼女の姿勢に、気前よくならざるを得ないのが男心なのです。

私たちは資本主義社会に疲れ果てています。それは彼も貴女も一緒。そんな疲れを癒してくれるのが、惚(ほ)れた女の無邪気な「ありがとう」。これに男性は救われるのです。逆に女性は彼の優しさに癒されます。

本来であれば「○○したよ」「ありがとう♡」のループでお互いが癒されるはず

なのですが、尽くし体質の女性は受け取り感謝することより、男性にどんどん与えてしまいます。そうして「私のほうが尽くしてるのに、どうしてたった数回のことに感謝しなきゃいけないの？」とプロオカンから、感謝しない女へと変貌してしまうのです！

するとと男性は、「なんかちょっとしてあげても感謝もしてくれないし、どうせほっといてもいろいろしてくれるし……」と**貴女との関係に対して手間を掛けることを嫌がるようになるのです**（ダルいのやな……）。

惚れた女の「ありがと！」「助かった〜！」「いいの？　やったぁ」こういう無邪気な声色にどれだけ男性が救われるのか、貴女は知らなくてはイケマセン。

「ったくかわいいな〜w　ええよ、これくらいお安いご用w」と彼が気前よくなれば、貴女自身も満たされるようになるのですから。感謝の言葉は疲れたときのアメちゃん。貴女に尽くすエネルギーを満たしてあげましょう。

3

彼が頼りなく感じる貴女がど本命復活する「尊敬のメス力」

尊敬しない女は、男性から漢らしさを渋られます。尊敬してくれる女になれば、彼は貴女に対して漢であり続けます。

男性心理

男性は生まれながらにして〝漢〟ではありません。そうふるまおうという意識が漢にさせるのです。ちなみに漢は〝紳士〟とも言い換えられます。

いい意味での漢らしさ「勇気、弱い者を守る、矢面に立つ、寛大」。こういったモノを生まれ持っている人もいますが、ほとんどが女性からの尊敬の眼差しによって育まれていくものです（彼女、母親など）。

「あなたはすごい、私にはできない」「そういう部分本当に尊敬してる」「あなたならできるよ、私は信じてる」ぐだぐだ疑わない絶対信頼！

こんなふうに尊敬の眼差しで真っ直ぐに見つめられたときに、男性はそれに恥じぬ己であろうとします（彼女の期待を裏切りたくないっス）。

彼女の助けでありたい！　いい男でありたい！　とカッコつけてくれます。漢らしさとは、カッコつける姿の中に溢れる大きな優しさなのですよね（間違ってもイキがってる輩（やから）や男尊女卑男ではないｗ）。

さて、身近な女性（彼女、母親）から敬意を持たれていない男性はどうなるでしょうか？「大丈夫なの？　できるの？」「失敗するかも！　やめときな」「ほら、言ったじゃん！」「いいよいいよ！　私がやっておくからさ！　ほら貸して！」

これらは尊敬とは真逆のスタンスです。

こういう敬意のない態度を取り続けた結果、彼は貴女の前で漢らしくあることを放棄するでしょう。ぐずぐずと優柔不断で貴女に重大なことを決断するように仕向け、ピンチのときは雲隠れ。寛大とは程遠い、貴女のミスをネチネチつつくような女々しい男になってしまうかもしれません（女々しいって言葉、失礼じゃね？ｗ）！

4

彼にそっけなくされる貴女が
ど本命復活する
「自立のメス力」

依存してくる女は、男から
一緒に過ごすことを渋られます。
自立してる女だからこそ、男は安心
して隣でくつろぎ本音を話します。

男性心理

男性は依存してくる女性に息苦しさを感じてくつろぐことができません。ちゃんと自立している女性だからこそ、ときには〝漢の強がり〟を脱いで弱い自分をさらけ出せます。

彼に依存している女性は男性を追い詰めてしまいます。依存している女性は男性の些細（ささい）な発言や、環境変化の提案に対して必要以上にパニックになってしまうからです。たとえば「俺、鬱かもしれない……」「転職考えてる」なんて言葉に「私はどうしたらいいの?!」と取り乱してしまう……。彼に依存して自分を保とうとしているので、彼という〝柱〟がグラつくことを極度に恐れているのです。

依存している女性は男性からすると対等とは程遠く、まるで赤ちゃんです。「これから先、俺は一生弱音を吐くことも本音を話すことも許されないのか……」としんどい気持ちにさせ、精神的にも物理的にも距離を置かれてしまうことも……。

ど本命彼氏（夫）は不老不死の神様ではありません。等身大の人間です。弱るときも、休みたいときも、（貴女を大切にしながら）叶えたい自分の夢もあります。自立している女性は、共に過ごすパートナーではあるけれど、自分自身の人生や価値観を大切にしています。「彼に聞かないとわかんないもん」的な生き方をしていません。それは裏返すと、彼にも彼の生き方や価値観があると、理解し寄り添えるということ。

そういう自立した女性の隣であれば、彼は安心して自分の本音を話すことができます。漢として尊敬してくれて、「疲れたの？　休んでいいよ」と言える余裕がある女性の隣こそが男性にとってオアシス。ど本命でも男性はあくまで、貴女の前でカッコつけている少年だと覚えておきましょう！

5

いつも誰かと比較する貴女がど本命復活する「凛とするメス力」

「ど本命ジャッジ」している女は、男から愛情を渋られます。
ど本命ジャッジをやめたとき、男は愛情をかけてくれるのです。

男性心理

男性は何かしてあげたとき、満足してくれるどころか不満げにする女性を愛し続けることができません。満足してくれる女性だから、幸せにしてあげたいと思い愛し続けるのです。

男性は「ど本命」に巡りあったとき、自分のキャパの範囲で一生懸命幸せにしようとしてくれます。ど本命ジャッジする女はそんな彼の愛情を周りのカップルと比較します。「あの子、サプライズでブランドもらってた……。私は花かぁ」「私のこと愛してるならもっと高収入になる努力してくれるんじゃないの?」「ど本命なら先回りしてくれるハズ」と勝手にガッカリして彼の愛情を過小評価してしまうのです。

そしてつねに「ど本命だったら○○してくれるべき！　してくれないのは私が『ど本命』じゃないから?!」と、自分はど本命か？　ど本命じゃないか？　をジャッジすることに取り憑かれて、彼と一緒に過ごしていても心から楽しむことができません（それどころか勝手に不機嫌になることも！）。男性はそんな女性の姿を見て「この子に何をしてあげても満足してくれない」とだんだん冷めていってしまうのです。

ど本命ジャッジをやめるためには周りのカップルと比較することをやめて、「私はちゃんと愛されてる！」と背筋を伸ばし、凛としなくてはいけないのです。曇った顔（あ〜あ、あの子ホワイトデーに指輪貰ってた……）をしている女性よりも、ニコニコ（私は愛されるに値する女♡　ほら、彼こんなに優しい♡）と彼の愛情表現を受け止める女性に男性は惹かれるのです。

ど本命復活するためには、目の前の彼の愛情をまずはしっかりと受け止めましょう！（ＳＮＳの金持ちカップルと比較すんな！　虚像やｗ）。

ど本命カースト

男性が本能的に
女性を判別するときの
ピラミッド図

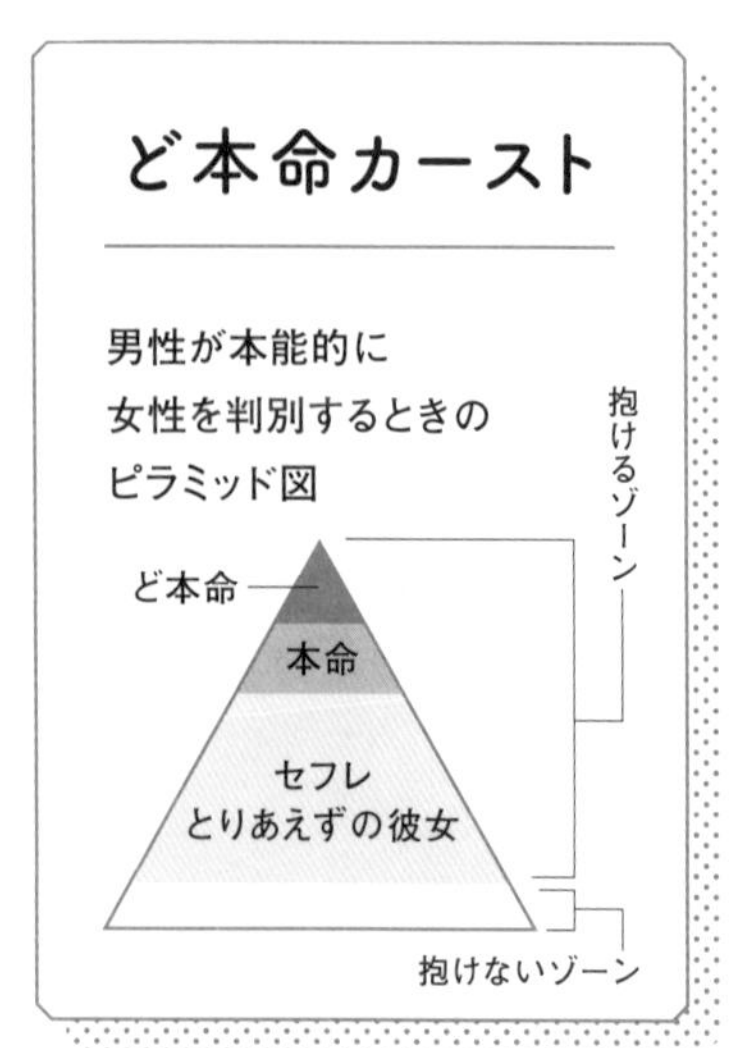

メス力

媚びることなく男心に寄り添い、男性の「狩猟本能」「守りたい庇護欲」「ヒーローになりたい本能」に火をつける力。

ど本命クラッシャー

せっかく出会えたど本命相手との関係をぶち壊してしまう行動（謝らない・感謝しない・尊敬しない・依存する・ど本命ジャッジする）。

ど本命

貴女のことが大好きでたまらない！ というように全身全霊で愛してくれる男性。もちろん貴女自身も最愛の相手。

ど本命降格

ど本命クラッシャーを繰り返した結果、彼の愛情を冷ましてしまい「ど本命」から降格してしまうこと。

おクズ様

貴女のことを雑に扱う男性。いわゆる「ダメンズ」のこと。気が向いたときだけ連絡してきたり、束縛して貴女の交友関係を狭めたりする。早めのお見切りを推奨。

ど本命ジャッジ

どんなに愛してくれるど本命と巡りあえても、つねに「私って本当に『ど本命彼女？』」と疑心暗鬼で相手を信じられず、愛情を試すような言動を繰り返したり、周りの「ど本命カップル」と比較して凹んだりする状態のこと。

プロオカン

料理や家事など、大好きな彼にいそいそと尽くしすぎること。まるでお母さんのようにあれこれ世話をすることで恋愛対象として見られなくなってしまう。

CASE 1

男を無能に育てちゃう、
完璧主義で攻撃力高めな
支配系クラッシャー

『人間、努力してナンボでしょ?』と上から目線の支配女

「なんで? こっちにしなよ?」

「ちゃんとできた? 大丈夫?」

「話し合いしよ!」

「歯科矯正したら?」

「そんなんで社会に
通用すると思ってるの?」

彼氏の生き方、価値観に口出しする権利があると思い込んでいる。なのでガミガミネチネチと指図(または涙で罪悪感を煽る)して、思い通りにいかないとイライラしてしまう。男性は、自主性＝男性性をことごとく潰されて、無気力になったり、悪い方向に男っぽさを暴走させてしまう!

CASE 1

男心をクラッシュしてしまう5パターン

理想に誘導する

デートやプレゼントなどが自分の理想像と違うと
彼に口出しをして軌道修正しようとする。

将来を見通しすぎて支配する

彼と自分を同一化し、
彼の人生に口出しする権利があると思っている。

自分がドキドキする男に育成しようとする

優しさの価値を知らず、穏やかな日常より
ドキドキする非日常を愛情と勘違いしている。

相手が自分に100%合わせてくれないとイヤがる

相手との価値観の違いが許せず、
自分の都合のいいようにコントロールしようとする。

悪気なく「男らしくない」と晒し、支配しようとする

相手のいい部分よりダメな部分に目がいき、
一人前に育てなきゃ!と謎の使命感に燃える。

「芯があって尊敬できる♡」と一目置かれていたのに、
「俺なんてどうせ……(魂抜け)」と自信を奪ってど本命から転落!

男が自信を失う支配系クラッシャーが、
ど本命復活するためのステップをお届けします!

彼が記念日とか祝ってくれなくなったんです！

性格キツめの私でも姫扱いしてくれていた彼♡どこ行った〜！

「ねぇ、私のどこが好きなの？」「ん？　ハッキリしてるところw」「え〜性格悪いみたいじゃんw　そういえば、来週さ私誕生日だよ、覚えてた？」「忘れてた〜（ニヤニヤ）」「絶対嘘！　ニヤついてるじゃん！　どこ行くの？」「内緒です♡」

そう言って彼が連れていってくれたのは、憧れの某ホテル。いつもの居酒屋なんかとは違う雰囲気で彼がエスコートしてくれてうっとり……。プレゼントも……。

CASE 1

男を無能に育てちゃう、完璧主義で攻撃力高めな支配系クラッシャー

「あ、これ私が欲しいって言ってたヤツ⁈　嘘！　高かったでしょ⁈　いいの？」「いいんですよたまには（にこにこ）」「嘘、うれし〜！　写真撮って♡」

あんなふうにお姫様扱いされる頃があったなんて信じられない。

もうすぐ交際3年、記念日？　誕生日？　どこ行ったって感じ……。

「ねぇ、ヨシオ。もうすぐ3年記念だけど」「あ、あ〜何日だっけ」「28日！　どっか行こうよ」「ん〜。わかった、なんか行きたいお店適当にリンク送って」

ここ行きたいって伝えたら「いいよ」とは言ってくれる。でもそうじゃない、私はヨシオからの〝自発的な〟行動が欲しいの！　記念日だけじゃない、すべてにおいてそう！　この人から「メリ子を喜ばせたい」って気持ちをまったく感じない！　昔はあんっなにいろいろ企画してくれたのに……。いつも「なんでもいいよ〜」「任せる〜」ってなんなん⁈

「あのさ、たまにはヨシオが企画してくれない？　私こないだの自分の誕生日も自分で企画したしさ、ヨシオの誕生日だって企画してるんだよ？」「別に……」「なにが別になの？」「俺、誕生日とか記念日、興味ないんだよね……」「**はぁあぁぁ？　怒**」（以下ブチ切れ特大クラッシャー）

◇◦◇

あるわ〜あるあるあるw　記念日とか喜ばせるために動いてくれてた男の「じつは興味なかった」の手のひら返しw　いや、あったやんけ！　とイライラしますよね。

貴女は最初の頃、記念日や誕生日、普段のデートを張り切ってくれていた彼が変わってしまってさびしい思いをしていませんか？　たとえばこんなふうに。

記念日、誕生日のプランを丸投げされる（昔は張り切ってくれてたのに！）
日常のデートプランも考えてくれない（友達と出かけるときのが楽しそう！）
出先でスマホばかり見てダルそう（昔は会話で盛り上がってたのに！）

CASE 1

男を無能に育てちゃう、完璧主義で攻撃力高めな支配系クラッシャー

付き合いが長くなると、たしかに男性はゆるくなります。付き合うかどうかくらいのときって、男性はいいところを見せるために一番カッコつけるモノだからです。でも、それにしてもあまりにも落差が激しくありゃしませんか?! という場合、貴女が彼のやる気を削ぐ「支配系クラッシャー」をしてしまった可能性があります！

こんな言動を彼にしてしまってはいませんでしたか？

理想に誘導したい支配女

1 「お店ちゃんと予約した？ プランは？ 見せて？」と細かく確認を取る
2 「プレゼントだけど予算は◯円以内ね」と指定する
3 「え〜、こっちの色？ 黒がよかったのに〜」とダメ出しをした
4 「味はいいけど、お店の雰囲気イマイチだね」と彼提案のお店にダメ出し
5 「え？ 中華か〜。高級でも中華はテンション上がらないかも」とダメ出し

記念日、普段のデートで彼提案のモノに対して

- **確認しすぎ**
- **予算の指定**
- **プレゼントへのダメ出し**
- **お店へのダメ出し、微妙な反応**

これらのことを常習的にやっていた女性は、彼にお姫様扱いされなくなります。
その理由は彼からすると、「命令、指図」されているように感じてしまうからです！

男性心理

男性は命令、指図されると自発性を失う。自分のプレゼンが「ゴミ」のように感じてしまい、みじめな気持ちになるから。だったら何もしないほうがマシ！

彼がしてくれることに、貴女が〝よかれと思って〟いちいち口出しをした結果、

CASE 1

男を無能に育てちゃう、完璧主義で攻撃力高めな
支配系クラッシャー

彼は無能男に成り下がってしまったのです。

そもそも、なぜ貴女は口出しをしてしまうのでしょう。おそらく「記念日はこういうデートがいいな」と理想像ができあがっているからではないでしょうか？

貴女の悪いところは、

・自分の理想のデートがある、それを彼にプレゼンしてほしい
・理想と違うと口出しして、軌道修正しようとしすぎる

貴女に自覚はないと思いますが、彼の自発的な行動が欲しいくせに、指図して支配してしまうトコロ！　そこなんです！

男性が彼女をお姫様扱い、すなわちど本命扱いし続けるためには「この人は俺がすることに喜んでくれるな」と感じられなくてはムリ！　いまの貴女は「俺が何かするとケチつける」「本当はしたいことがあって、俺を誘導しようとする」と彼に思われてしまっています。これには「感謝のメスカ」と「尊敬のメスカ」のステップを踏んで、ど本命復活がベストです！　早速取り入れていきましょう！

ど本命復活ステップで
理想を叶える女へ

『気付きステップ』

- 愛は命令では得られないと悟る

『マインドステップ』

- いまの彼は自発性を失っていると自覚して期待しないこと!

『行動ステップ』

- 「○○に行きたい」と自分のしたいデートを素直にリクエストする
- デートのとき些細なことでも彼が「○○する?」「○○食べる?」と提案してきたらチャンス
- 全力でOKし、「いいお店だね♡」「選んでもらってよかった、ありがと!」とニコニコ喜ぶ

CASE 1

男を無能に育てちゃう、完璧主義で攻撃力高めな支配系クラッシャー

いまの彼はやる気ゼロだと自覚してください！　それで貴女提案のデートに乗ってくれたら100点満点です。その上で彼がポロッと「○○してみる？」「これ食う？」と小さな提案をしてきたらチャンス到来です！　いままでの貴女の癖で、「え〜、それ行きたくない」「食べたくな〜い、こっちのほうが安いし」と口出しして支配しそうになるのをグッとこらえて！

まず、全力で提案に乗っかって、「いいお店」「美味しいね」「ここ雰囲気良くない？」と目を輝かせて受け取ります。これは尊敬のメス力です。男性は自分が提案したことを喜んでもらえると、（俺のこと立ててくれているんだな）と感じるのです。そのとき、彼の心はホッとします（否定されないからな）。

その上で「選んでもらってよかったありがとう♡」と感謝のメス力を伝えられると、彼は自信がつきます。どんな自信かって？　貴女を幸せにする自信です！

尊敬のメス力と感謝のメス力の積み重ねは、男性の心に自信を取り戻させ、ど本命に復活するのです（男が女を愛するには〝自信〟が大切なのや！）。

男性の心にど本命エネルギーの炎が再着火したとき、昔のように「この人を喜ばせたい」という自発性が戻ってきますよ。あの心を包んでくれるあたたかさが恋しいのであれば……。

支配は絶対禁止！　受け止め上手になること！　です。

彼が相談なしに転職……。信頼されてなくて悲しい！

なんでも相談してくれてた彼。なんで秘密主義になったの？

出会った頃、お互いの過去のことから将来のことまで、なんでも心を開いて語り合ってきた。「俺さ、じつは子供の頃宇宙飛行士になりたかったんだよねw」「え〜？意外w　私はベタにお花屋さんだったかも〜。早起きらしいから絶対無理w」「なんで宇宙飛行士、あきらめたの？」「いやw　学力よww　無理っしょ？」「あ、だから宇宙兄弟好きなんだ?!　家に単行本あったよね？」「そうそうそうw」

公園を歩きながら、地元の渋い居酒屋で、Hのあとベッドでゴロゴロ転がりながら、彼の腕の中でとりとめのない話をしてきた。

会話ができる人っていいな。すれ違いも無さそうだし、こういう人となら、笑いの絶えない家庭が築けそうだなって。彼と結婚できたらいいなって思ってた。

なのに……。

「え？　仕事来週まで休み？　なんで？」「退職するから……。溜まってた有休消化」「は？　ちょっと待って?!　退職っていつ？　どういうこと？　聞いてないけど！」「あ〜。言ってなかったっけ？」「言ってない！　ていうかそんなの忘れるわけないじゃん！　なんで黙ってたの？　ひどくない?!」「……」

最近こういうことばっかり！　大切なこと、何も相談してくれなくてシレッと雑談の中で報告してくる！「話してなかったっけ？」ってすっとぼけて！

もしかして私、だまされた？　よくXで見かける『うちの旦那、結婚するまではよく話す人だったのに、いまは話すどころか会話が噛み合わなくて宇宙人みたいで』ってパターンじゃないのこれ?!

「ねぇ、私はさ、あなたとの将来まで考えて付き合ってるんだけど！　どうしてそんな大切なこと、相談なしで決めるの？　結婚するならお互いの働き方もすり合わせなきゃダメなんだよ？」「……メリ子に関係ないじゃん」「え（絶句）」

◇◦◇

重要なことを相談なしで決められたときのショックたるや計りしれません！

「はぁ？　アンタの人生プランに私、不在だったん？」って愕然とするヤツですよ！

最初の頃は心を開いていろいろなことを話してくれていた彼が、こんなふうに秘密主義に変わってしまってショックを受けたことありませんか？


転職などの相談をしてくれない（なんでも話してたのに！）

将来の話なんて1ミリも触れない（私たちの将来も話してたのに！）

基本、自分から話題をふってくれない（昔は話題豊富だったのに！）

男性は付き合いたての頃、おしゃべりな傾向があります。それは「僕は怪しい人間じゃないよ！　いろいろ話をするからそれを知って欲しいな！」という誠実さアピールからです。交際後、いい関係が結べると男性はより心を開いた会話（相談したり弱みを見せる）をするようになります。それどころか貝のように口を閉ざすようになった場合、貴女が男性を秘密主義にさせる「支配系クラッシャー」をした可能性があります。こんなことを彼にしてはいませんでしたか？

将来を見通しすぎて叱咤する自称あげまん女

1　「仕事がしんどい？　みんな何かしら我慢してるよ」と弱みに喝を入れる
2　「で、年収はいくら上がるの？　下がる？　ダメでしょ」とお金に厳しい
3　「公務員採用試験受けたら？」彼の希望より自分の理想を押し付ける
4　「いまの年収じゃ子供持てないよ？」出産希望時期を逆算して発破をかける
5　「ナオコの彼、出世したんだって（チラッ）」出世させようと誘導する

彼の仕事に対して、

- **自分はいずれ妻になるから（妻だから）口を出す権利があると思っている**
- **金、金で私を安心させろ感をダダ漏れさせる**
- **転職や彼がチャレンジすることにいい顔をしない**

これらのことをやっていると、男性は心をかた〜く閉ざし秘密主義になります。
なぜならそもそも男性は仕事人としてのあり方に「干渉」されるのが嫌いだからです！

男性心理

仕事とは（多くの）男性にとって生き方そのもの。生き方にダメ出しされるなら、それについて話をしないでおこうと貝になる（そして全方向に無口男の完成じゃ）！

彼の生き方にいちいち口出しをした結果、彼は傷つくことを恐れて心を閉ざし、口も閉ざすようになってしまったのです（繊細な男心わかってな？）。

きっと貴女は「よかれと思って」彼に口出ししてきたのでしょう。でもその「よかれ」は彼からするとこんなふうにしか見えないと知って欲しいのです。

彼から見た貴女
・俺と自分の人生を同一視し、口を出す権利があるとわめき散らかす
・正論で俺に指示するが、「それって君にとってのメリットですよね」

「この女は〝独裁者〟か？　俺の人生を〝アタシが幸せになるためのコマ〟だと勘違いしてないか？」こんな感じに思われてしまっているのですよ！

いいですか？　カップルでも夫婦でも「他人の人生に口出しする権利」なんて存在しません（子どもの人生に過干渉する毒親想像して〜）！

好きな人が心を閉ざして会話をしてくれない。貴女はさびしい思いをしていますよね。付き合いたての頃のように、また心を開いて会話をするためには、「尊敬のメスカ」「凛とするメスカ」のステップを踏んでど本命復活しましょう！

ど本命復活ステップで
心を開ける女へ!

『気付きステップ』

- 彼の人生に口出しする権利があると“勘違い”していることに気付く

『マインドステップ』

- よかれと思って口出しすると、彼は無口になる!
- 彼を受けとめると、会話がはずんで価値感のすり合わせが叶う!

『行動ステップ』

- あえて彼に小さい相談をしてみる(心を開かせるリハビリ)
- どんな回答でも「参考になったありがとう」と否定しない(リハビリ!)
- 彼の仕事の話には「いいじゃん♡」と好意的に反応する癖をつける

男性が貝になってしまったら心を開かせるのはカンタンじゃないのです。貴女の支配に対して臆病になっていると自覚して時間をかけてください。そもそも貴女に対して雑談をしてくることもないでしょう。**なのでまず彼に相談ごとをして、その回答を好意的に受け止めましょう（何度も！）。これは**尊敬のメス力**です。**

いつもなら相談への回答に「でもそれって〜」と反論していたでしょう？　それをやめるのですよ。これは彼の考え方に対して敬意を示したことになります。

このステップを踏み重ねることで、彼の警戒心をほぐしていきましょう。

そして彼の生き方（仕事のスタンス）が貴女の理想と違ったときが重要。

「ど本命なら私の理想の生き方（仕事のスタンス）をしてくれるハズ」と、ど本命ジャッジをするのをやめて、彼の生き方や価値観を受け止めてあげてください！

彼の生き方や仕事のスタンスが理想と違っても「そんな考え方じゃ甘いんじゃない？」だとか余計なことを言わず、「いいと思うよ！」と受け止めるのです（凛とする**メス力**や）。

これができる女性にしか男性は心を開きません。弱みを見せません。交際歴が長くなっても雑談が絶えない関係でいられるカップルは、彼が天性のおしゃべり男だからではなく、**彼女が彼を好意的に受け止めてるから。**これに尽きるんです（心の貝パカパカやw）。

ここまできて、やっと彼に重要なことを相談される女性になります。

男性が心を開いて会話できる関係の女性＝ど本命であれば、貴女の希望を叶えてくれるようになります。支配より、受け入れることですべては叶うのです！

優しいだけの彼、つまんない！もっとドキドキさせて！

いい人ではある彼。でも私の理想は平野紫耀さま♡最近彼にドキドキしな〜い！

「メリ子これ……」「え？　いつの間に？　カフェラテ買っといてくれたの？」「メリ子がトイレ行ってる間に買っておいた」「あ、ちゃんとソイラテだ〜♡」「いつもソイラテだからね」

優しさが服を着て歩いてるような男、ヨシオ。気が付けばいつも静かに私の隣に座っていた男友達。元彼と別れたとき、散々周りにやめとけって言われてた男だったから親友にはLINEしにくくて、気まぐれでヨシオに「聞いてw　あの男、10個も年上の女と浮気してたw」ってLINEした。そしたら「どこいるの？」って即レス。「19時に品川駅着くw　彼の家から新幹線で帰宅中w」ってまさか、品川着いたら待ち構えててさ。落ち込む私の話を夜通し聞いてくれた。それで、「いまこういうことを言うべきじゃないかもだけど、俺はメリ子のことずっと好きだから……だから自分に魅力ないからだとか、言うなよ」って赤面しながら告白。

付き合って大正解。本当に優しい、私も気がつけば大好きになってた～！

だけど……。交際1年、最近ドキドキしない。だってヨシオ、ダサいんだもん！

「ねぇねぇ、全身脱毛とか興味ない？」「え？　そんなお金あるなら違うことに使うよ～」なんだろ～。私キラキラしてる人が好きなんだよね。垢抜けてて、美意識とか私より高いくらいの男じゃなきゃ、ドキドキしな～い！

「メリ子」「ん～？」「お盆休みだけど、うちの親に会わない？」「え？　どういうこと？」「いや、その将来を見据えて、紹介したいなって……」

ね～。そういうとこなの！　いきなりそれ？　普通プロポーズしてから親の話と

かじゃない?! あ〜ッ、私の人生ここで〝手打ち〟なの?

「プロポーズもされてないのに? 意味わかんない! 本当女心わからない人だね!」「……ごめん」あ〜やっちゃった。ついヨシオにキツくあたっちゃう……。

◇ ◦ ◇

優しい人と付き合えたら幸せだってわかってるぅ〜! でもそれだけじゃ物足りない! キュンキュンした〜い! (あるあるお悩みや by神崎)。
付き合いたての頃は彼の優しさに惚れ込んでいたのに、いまや「優しいだけでドキドキしない」と贅沢なことを思ってしまってはいませんか? こんな感じで。

優しいけどイケメンと比較しちゃうと見劣りするじゃん?
「ここ直したら完璧なのに」ってじっくり観察しちゃう〜!
たまには追いかけさせて欲しいし、優しい人ってつまらないかも〜?

このタイプの「ど本命降格」は、女性側が彼を「ど本命彼氏から降格」させてし

まうパターンです！　そうして彼に上から目線で「もっと○○しなよ」と理想のいい男に育ててやろうと指図し、「支配系クラッシャー」をやっています。

CASE 1

男を無能に育てちゃう、完璧主義で攻撃力高めな
支配系クラッシャー

私がドキドキするイケメン育成女

1　歯科矯正、整形、脱毛をするように誘導する
2　髪型、ファッションに厳しくダメ出しをする（ダサいよ？）
3　「もっとドキドキするようなサプライズできない？」と謎要望
4　特定の芸能人のコピーにしようとする
5　身の丈に合わない、ハイブランドを持たせようとする

彼の見た目に不満たっぷりで

・ダメ出ししまくる
・粗探しばかりする
・優しさよりも、ハラハラさせて欲しいと望む

こんなことばかりしている女性に対して、男性は徐々に愛情が冷めてしまいます（そりゃそうだｗ）。

男性からすると、ありのままの自分（しかも優しい自分なｗ）を「拒絶」された上に、変わるように「指図」されていると感じてしまうからです！

男性心理

彼女が露骨に自分の見た目に対して不満そうにしていると自己肯定感が下がる。すると「この人を幸せにはできないかも……」と自信喪失して、優しくする気力もなくなってしまう。

相手の立場になって想像してください。「お前、マジブスだな〜」「あのさ〜、メイクどうにかならんの？　俺そういうの好きじゃないって」「森香澄みたいになってくれない？」ってダメ出し＆命令してくる男に、笑顔向けられますか？

「バカバカしい、この人にニコニコしてもブスって言われるだけ！」って冷めてきませんか？　それを踏まえた上で、どうして貴女がいつまでたってもハラハラドキドキを求めてしまうのか？　そこから考えていかなきゃイケマセン！

優しい男を「ど本命降格」させてしまう貴女の問題点は、

・穏やかな日常より、ドキドキする非日常を「愛情」と勘違いしている
・優しさの価値を知らない

ぶっちゃけ命や健康が有限だってことを忘れているタイプです。そして見栄っ張りで〝映える人生〟を周りに見てもらいたいと思っている部分があります。しかも、それを相手に求めて「よかれと思って指図」してしまうからタチが悪いw

キラキラした演出なんて、女慣れした男はお金で解決できます。でも「毎日の優しさ」は彼女を愛するという決意の上の行動なんです。男性にとってこっちのほうが100万倍手間なんです（めんどくせ〜の、日々の女のケアなんてw）。

いつか貴女が子持ちになったり、大病したときに気がつくでしょう。優しさは何物にも代え難い心の支えだと。てことで「感謝のメス力」のステップを踏んでど本命に復活しましょう！

ど本命復活ステップで
彼に恋し続ける女へ!

『気付きステップ』

- 人間の命は有限、いつか別れがくる。仲良い瞬間が尊いのだと悟る

『マインドステップ』

- 優しさは男の決意。優しくされるたびにその決意に「感謝の心」を持つこと!

『行動ステップ』

- 見た目で気になる部分は「〇〇したらもっとカッコいいと思うな♡」とリクエスト
- 「カッコいい〜♡」とチヤホヤ褒める(その日の夜は濃厚サービスw)
- 彼の欠点より、してくれることに大注目して感動する!

そう、**貴女に足りないのは圧倒的に「感謝の心」なんです。**優しい彼氏なんてありがてぇ話なんですよ。情熱的に求めてくれる男を求め続けるのはやめてください。あれはズバリ「性欲」由来でしかありません。抱くまでから飽きるまで（長くて3ヶ月）はだいたいの男性は情熱的で優しいんです！

Hをたくさんした後でも優しい男。これこそが愛なんですよ（おクズ様はHしてしばらくたつと会ってくれない、冷たい、浮気するのや）。なのでいつまでも「優しいだけの男つまんな〜い」と情熱を求めて〝ドキドキさせてくれる男をわんこそば〟するのは卒業しましょう（飽きっぽいそこの貴女のことやで！）。いい歳になっても体目的のおクズ様を渡り歩くだけです！

彼への恋心が鎮火しそうな貴女、日常で小さな優しさを発揮されたとき、あたりまえのことだと流さないで。

「すごいな、この人は。こんなに私を気遣ってくれる……。もうとっくにHもたくさんしたし性欲由来の優しさ（下心隠しのサービス期間）も過ぎているのに、大切にする決意を実行し続けてるんだ。すごくない？」って心の中でいちいち感動して

るのや）。

くださ い（「感謝のメスカ」**は恋心にマジで効く！　これができると結婚後も夫に恋でき**

そして見渡すのです！　世の中のとんでもねぇおクズ様を！（やばいな～！　奥さん妊娠中なのに、マチアプやってるんだ?!）（え～？　土砂降りなのに自分だけ傘差すの？ヤバすぎ！）（それに比べてうちの彼氏はほんと～に優しくて、さいこ～に男らしい！　カッコつけてイキがってるだけの男、ダッサ！）

見渡すほど、感謝の気持ちが溢れてくるハズです。

お嬢さん、本当の意味で「カッコいい男」ってなんでしょう？　本当の意味で「ダサい男」とは？　それに気が付いたとき、優しい彼にドキドキできる人生が始まります。そこからが〝幸せになれる女の人生〟スタートです（ＹＥＳ！）。

前みたいに心配してくれなくなった彼。どうして？

私が凹んでいると全力で寄り添ってくれてたのに、ため息つかれた（怒）

「ごめんね、俺も言いすぎたよ……」「……うん」ぽろぽろ涙をこぼす私。ちょっとした言い合いの後、必ず反省して抱きしめてくれる彼。いままで付き合った人は、言い合いになると、論破してこようとしたり、キツめの暴言吐いてきて、私が泣いても突き放す、優しさのカケラもない人だった。

でも彼は違った。言い合いになって私が泣いたら、すぐにケアに回ってくれる。

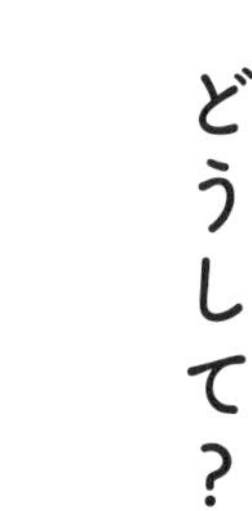

「メリ子は泣き虫だからな～」「もう！　そういうこと言わないのw」喧嘩の後のHで関係修復♡

感情的な〝ありのままの私〟を受け入れてくれる人にやっと出会えたと思ったんだよね。

でもそれも勘違いだったかもしれない……。最近は言い合いになりそうになると、まず「はぁ……」って彼はため息。そういう感じにされると、私も言葉がキツくなるし、悔しくて涙が溢れてきちゃう……。

「出た……」「出たってなに?!」「思い通りにならないと、そうやってすぐに泣く……」「……**は？**　ひどすぎじゃない?!」

ね～。甘々だと思ってた彼、もしかしてモラハラ男だった感じですか？

2年半付き合って、私ももう27歳。この人と結婚したいって思ってたけど、このまま本当に結婚していいのかな？

神崎メリのいう「ど本命から降格」しちゃったのか、それとも彼の本性がモラハラ男なのかわからないよ……。

あの頃の甘々な彼に戻って欲しい……。最近あきらかに私に対してテンション下がってるのが伝わってきてツラい……。でも彼女が泣いてるのに、突き放すような男に執着してる私も悪いのかな？

◇◦◇

男は優しいのなんて最初だけ～！　女が弱ってるときに寄り添えない男が世の中の大半では？　なんて気がしてイライラするのわかる（経験済みｗ）。

最初の頃、「寄り添いマン」だった彼が、いまやこんな感じで「突き放しマン」に変貌しちゃってツラい思いをしていませんか？

泣いていても、苦しさを告白しても無関心（昔は耳を傾けてくれたのに！）

言い合いになりそうになると「もういいよ」と投げ出される（向き合う気ゼロ）

「泣き虫たん♡」とか甘々だったのに最近目が冷たい（目の変化ってショック）

たしかにですよ、付き合いたての甘々にゃんにゃんって徐々に薄れていったりします。でもいっぽうで、数年たっても甘々なカップル（夫婦）は存在します。貴女が甘々から降格している場合、相手を自分の都合いい方向にコントロールしようとする「支配系クラッシャー」を〝涙を利用してまでも〟やらかしている可能性があるのです（しかも無意識にや！）。次の内容に心当たりはありませんか？

自分の意見を通すため、涙悪用女

1 相手との意見の違いを受け入れられず、「でも」と突っかかってしまう
2 意見を合わせてくれないなんて、私のこと愛してくれてないとムカつく
3 泣くことでその場を収めてきた経験が多い
4 カップルたるもの「生き方がニコイチ」ではないとダメ！
5 カップルなんだから話し合いとすり合わせが大切だと思う

パートナーとの生き方や価値観の違いが許せず、

- **なにかとすぐ「話し合いしよ」**
- **「その考え方おかしくない？」と矯正**
- **彼が歩み寄ってくれないとパニック（泣く、叫ぶ）**

こんなことを繰り返していると、甘々から苦々な関係に転落します。

男性からすると、生き方をコントロール（支配）されているようで、ウンザリしちゃうからです！

男性心理

男性は価値観を強制されることがそもそも嫌い。キレたり、涙を武器にしてコントロールしてくる女性に対して「ズルくて醜い女だな」と冷めてしまう。

彼と自分の価値観をニコイチにしようとした結果、彼の優しさは消滅してしまうのです。元々モラハラ男なんかじゃないってこと！　そもそも「円満カップルは価値観がまったく同じ！」という理想が間違っていると気が付かなくてはイケマセンよ。

貴女が直すべきポイントは、
・円満なカップルは価値観が完璧一致！　と理想があること
・しかも「好きなら私の価値観に合わせるハズ」と、ど本命ジャッジ
・合わせてくれないと相手の罪悪感を刺激して支配しようとする

貴女が価値観の一致にこだわるのはズバリ、相手が合わせてくれることで愛情を測っているから！　貴女は愛されているか不安で、彼が支配に応じてくれるかで愛情確認しないと落ち着かないのですよね。でも愛情の感じ方を変えていかないと、良縁と結ばれても「ど本命から転落」するだけ！
ちゃんと愛を感じられる女性になるため「謝罪のメス力」と「自立のメス力」のステップを踏んで生まれ変わりましょう！

ど本命復活ステップで
甘々彼氏を再降臨へ!

『気付きステップ』

- 彼と価値観が一致していないと愛されてないかも、と不安になってしまっている!

『マインドステップ』

- そもそも彼は貴女を大切に思っていると信じること!

『行動ステップ』

- 「なんかね○○について不安なの、理由を聞かせて」と話し合いではなく聞く
- 「私はこう思うよ」と自分の意見は素直に伝える、でも強制はしない
- 「勘違いしてたかも、ごめんね。話してくれてありがとう」と受け入れる
- 涙が出たら、いったん話を中止して落ち着くのを待つ

すべての不安は貴女の妄想にすぎません。「愛されてない妄想」が始まると、喧嘩を仕掛けたりして、愛情確認（歪んだ形やで？）をしてしまうので、別の形で愛情を確認する癖をつけましょう。

彼と意見が違ったり、自分の中で妄想がふくらんでしまったとき、泣いたりせず「○○について私不安で、どうしてそうしたか教えてくれる？」と伝えてください。男性は話し合いが大の苦手。（どうせ君の意見を押し付けてくるんでしょ？）、構えてしまいます。なので、あくまで「あなたの意見を聞かせて？」がベスト！

その上で意見が違っていても、お互いの誤解が解けたのであればそれでいいのですよ。話の中で「私は○○してくれるとうれしいな」など、相手を責めるのではなく、「私がうれしい・助かる」と言い方を変えるだけで、男性はその意見に耳を傾けようと思うモノなのです。お互いの〝納得点〟をすり合わせてください。

相手と感情的にならずに、穏やかに価値観をすり合わせることができる女性になったとき、貴女は初めて「精神的自立」をするのです（自立のメス力）。

こういう女性は男性から一目置かれて、信頼されるようになります。

癖でつい泣いてしまったときも「ちょっとごめんね……待っててくれる？」と謝罪のメス力を使いましょう。涙は責めるための武器として使うと疎ましがられてしまいます。ど本命から転落してしまう原因になってしまうのです。でも、冷静さを取り戻しつつ話をすり合わせると、感受性豊かで女性らしい魅力的な武器として使えます。

そして価値観のすり合わせをし終わったら、ちゃんと「勘違いしててごめんね」と伝えること（謝罪のメス力）！

こういう些細な一言で男性の心はホッとして、この人となら安心して話ができると感じるのです（それくらい、話にならん女が多いちゅ〜ことやなw）。その後でハグを求めて心と体をフィットさせましょう。貴女が求めている一体感や安心感は、きっとそのときに味わえるハズですよ♡

（お、以前は泣いて責めるだけだったのに変わったな）と彼に思わせてくださいね。コツコツとステップを踏んでど本命復活していきましょう！

彼と喧嘩が絶えません。昔はそんなことなかったのに。

彼の男らしさに惹かれて付き合ったのに。こんなに攻撃的な人だったなんて。

「いいよ（女の子は座ってな）」「重いでしょ（持つよ）」いまどきめずらしいくらい、男らしい性格の彼。ぶっきらぼうで言葉が足りない人だけど、いつも女の子扱いしてくれてそんなところに惹かれて付き合った（おしゃべりな男って苦手だしw）。

そんな彼が二人きりになると、ぎゅ〜って抱きしめてきたり、私に膝枕されてニコニコしてるギャップがまるで甘えん坊の大型犬みたいでかわいい（他人から見たらキモイかも？ｗ）。「私のどこが好き？」「……別に全部」「全部じゃわかんないよ～！コラｗ　チューでごまかさないのｗ」

人前ではムスっとして偉そうなのに、蓋を開けたらデレデレに溺愛してくれて**た**。過去形なのは、最近険悪だから……。

「マサル、この後夕飯どうする？　私、たまには外食したいかも」「はぁ……」「なに？」「お前は金使うことばっか言うなよ」「は？　どういうこと？」「節約しようとか、ご飯作ってあげようとか思わない？」「え？　なんで私が？　別にマサルが作ってくれてもいいんだけど？」「は～っ、そういうところなんだよ。かわいくねぇ」**「はぁぁ（怒）？**　別に養ってもらってるワケでもないし、なんで女がご飯作らんといけんのよ！」「チッ！」

あ～あ、部屋から出ていったよ、お得意の現実逃避。本当に信じられない。このご時世に「女なんだから飯作れ」とか、「かわいくない」とか最低の暴言じゃない?!「男らしい人」って裏を返せば、男尊女卑のモラハラ野郎ってことね……。なんなの？　昔はあんなに尻尾振るみたいにクンクン甘えてきたくせに！

親しくなると豹変する男ばっかりで、**マジで男性不信になるわ〜（怒）**

◇◦◇

男らしさに惹かれたら、男尊女卑野郎だったとかあるある〜！　でも裏の顔は想像つかないほど、甘えん坊だったりするんですよね〜！

最初の頃は甘えん坊で、（不器用だけど）いい意味で男らしさを発揮して宝物扱いしてくれていた彼。なのに豹変してしまい、貴女は困惑していませんか？

女性が言われたくないことを攻撃する（家事力、見た目の女性らしさ）
舌打ち、ため息、大きめな声で反論してくる（昔はそんなことゼロだった！）
喧嘩になると部屋や家から逃亡し、軽く音信不通になる（謝ってくれてたのに）
喧嘩になったら言われたくないことをお互いにチクッと刺してしまうこともある

CASE 1

男を無能に育てちゃう、完璧主義で攻撃力高めな支配系クラッシャー

でしょう。でもそれにしたって「女らしくないよね」ということを言われると、めちゃくちゃ頭にきますよね。ということはですよ、逆に貴女が彼のことを「男らしくないよね」と先に攻撃してしまっていることもあり得るかもしれないのです！
男らしいタイプはこれをされると、反撃してきます。心当たりはありませんか？

悪気なく「アンタ男らしくない」と晒す、サゲマン女

1 「どうして〇〇できないの？」と何かにつけて〝どうして攻撃〟をする
2 相手の知識が間違っていたとき、すかさず訂正する
3 「道間違ってるよ」「そのやり方おかしいよ」と横から口を挟む
4 自分のほうが、知識が豊富。お金を稼げるなど彼に話してしまう
5 「……ほんと甘えん坊だね」と冷たく言ったことがある

男らしいタイプの男性に対して、

- **できないことを指摘しすぎ**

・間違いを毎回正そうとする

・私のほうが優秀！

こんな感じで接している女性は「女らしくないぞ！」とガルガル威嚇されてしまうようになります！

なぜならそれらは、彼に対する「マウント」だからです。

男性心理

男らしいタイプの人は、他人から「アンタいろいろ足りてないわ」というメッセージを送られると、自分の男らしさを否定され、マウントを取られたような気持ちになって、しっかりと反撃をする！

不器用で男らしい人って、女性からするといろいろと抜けている部分が多いように感じます。それを「この人世間知らずだわ。私が直してあげなきゃ」と口出しした瞬間、「ど本命」からつるりと転落します。思い返してください。自分とお付き合いした男性が、冷徹無関心男に豹変したり、反撃男に豹変すること、これまでもありませんでしたか？　おそらく貴女は無意識に相手の欠点を矯正しようとしてしまう癖があります。

貴女の悪いところは、

・男性のいい部分より、ダメな部分に目がいく
・「この人を一人前の男にしなきゃ」という謎使命感

ここなんですよ！　おそらく貴女は自分に厳しく「社会人としてこうあるべき」「生活スタイルはこうであるべき」とあるべき姿を課してしまっています。それをつい、彼にも〝よかれと思って〟当てはめようとしてしまうのでしょう。

でも男性はこれを「支配」だと捉えて（人それぞれの形で）反撃してきます。

しっかり踏んど本命復活するためには「尊敬のメス力」のステップが必要です。しっかり踏んでいきましょう！

ど本命復活ステップで
守られ溺愛される女へ!

『気付きステップ』

- 無意識に彼のプライドを傷つけて反撃スイッチを押してしまった!

『マインドステップ』

- 彼のいい部分(主に男らしさ)を見てあげること!

『行動ステップ』

- 彼の男らしさを褒めてあげる(気前のよさ、筋肉、頭脳)
- 不器用で足りてない部分は「〇〇して♡ お願い♡」と愛嬌(あいきょう)でリクエスト

CASE 1

男を無能に育てちゃう、完璧主義で攻撃力高めな支配系クラッシャー

皆さま、この手の男性はじつにシンプルです。「男らしい部分」を褒められると、満たされます。そして彼女を「この人のことは守らねば」と「ど本命魂」が着火して大切にしますw

じつは彼らは心の奥底で「自分は男らしくないのでは？」と不安でコンプレックスを抱いているのですよ。なので「すごいね筋肉♡（うっとり）」「力持ちじゃん」「いろいろ知ってるね〜！」「後輩の面倒見いいよね！」みたいな言葉に癒されるのですよね。

日頃から男性らしさを褒めてください。それだけで貴女からの敬意を感じて満たされていきます（尊敬のメス力）。

ただ、不器用なので、優しさのピントや行動がズレていることもあります。そういうときは明確に「〇〇してくれるとうれしい♡　お願い」と甘えることです。尊敬のメス力をしっかり日頃から実践していくことで、貴女のお願いごとを快く受け入れてくれるようになります（尊敬のメス力してないと、受け入れてくれないで？）。

貴女のお願いごとを叶えてあげて、さらに喜んでもらうことで彼の男心（男のプライド）は満たされます。彼をいい男にしようという〝攻撃〟をやめたとき、彼も貴女のことをチクチク攻撃しなくなって、以前のような寛大さが戻ってきます。

攻撃されたと感じると大喧嘩に発展するタイプなので、日頃から尊敬のメス力を使いつつ、不満（お願い）の伝え方も工夫してくださいね。

そして部屋から出ていく問題ですが、もう追い詰めないで（LINEで攻撃も！）。それ以上カッとなってしまわぬように、彼は頭を冷やしているのです……。

絶対にこういうときの男性を深追いしてはイケマセン！　これは肝に銘じてください（これは男へのマナーや）。

支配女は「男性性」を
刈り取るクラッシャー

男性性は女性の信頼と「選択の自由」を与えられることによって、大きくふくらみます。そのときのエネルギーは女性が「これってきっとこうだろうな」って想像する以上のことを返してくれるほどです。

貴女が"よかれと思って"彼に口出しし、指図すると、貴女のちっぽけな枠の中で生きる男性になってしまいます。そして貴女は「つまらない人なのよね〜」とため息をつくのです。

口出ししちゃいそうなとき、彼の「男性性(勇気・決断・勇敢・チャレンジ)」を刈り取ってしまっていると気がついて！ グッとこらえてあえてお願いしてみる。見守っておく。口出しじゃなく、これこそが彼を"いい男"に成長させるメス力。

まずは貴女が「信じて任せて見守る」女に成長しましょう♡

COLUMN

浮気男はおクズ様、ど本命ではない！

ど本命だと思っていたら、浮気をされた……。

この場合、「ど本命復活」を目指すのではなく、「あ、そもそも私はこの人のど本命じゃなかったんだ……」と悟ってお見切りするのが一番です。

付き合った年数、最初の頃にくれていた彼の情熱。「他の女に盗られるなんて…… 許せない!」こういったものは、貴女の人生を台無しにする執着なのですよ。

とっととお見切りしてください。ムリヤリ結婚した既婚女性は口を揃えて言いますよ。

「ハァ〜ッ！ 結局不倫された（怒）くっそ! あのとき『婚約破棄なんていまさら……』って躊躇(ちゅうちょ)した自分のこと引っ叩きたい! 別れておけばよかった!」

結婚への焦りは「私にきっと原因があるのかも?」と目を曇らせます。他の女を妊娠させる可能性があるような男、家庭を築くには信頼に欠けすぎています。

どうか貴女の若さや時間をおクズ様で消費しないでくださいね!

CASE 2

男がスパルタオトン化、
世間知らずで依存度強めの
甘ったれ系クラッシャー

『女の子は愛されてナンボだよ〜♡』と他人まかせの甘ったれ女

「だってさ、私女だよ？
男がやってくれるものじゃないの？」

「どうしてやってくれないの？！
ひどくない？！」

「わかんな〜い！
やって〜」

「私のこと好き？
なら嫌がることしないでね」

「ひどくな〜い？
（すぐ被害者）」

彼氏なら私のことを理解してくれる、受け入れてくれるという甘えた気持ちが強く彼氏に対して子供みたいに甘えてしまう。甘えをエスカレートさせて受け入れてくれるか？試し行為をしがち。また気まぐれで子供っぽく感情的な面がある。

CASE 2

男心をクラッシュしてしまう5パターン

思い浮かぶことをなんでも口にする

相手の様子を気にせず、
女友達や親友とするようなマシンガントークを繰り広げる。

「私女の子だもん♡」とラクしたいように見える

「男は女を守るべき」という思いが強いのに、
彼への感謝の意識が弱い。

「彼って優しい人」と誤解している

尽くされ慣れてしまって彼への頼み事を
「してくれてあたりまえ」だと勘違いしている。

愛嬌で人生を乗り越えてきたつもり

自分で調べたり知識を身につけたりせず、
相手が教えてくれることに甘えて依存している。

オープンマインドを勘違いしている

彼はなんでも受け止めてくれると思い込み、
悲しみや怒りをありのままぶつけまくる。

「甘えん坊だなぁ」と甘やかされていたのに
「甘ったれんな！（ピシャリ）とど本命から転落！
男を「スパルタオトン化」させてしまう甘ったれ系クラッシャーが、
ど本命復活するためのステップをお届けします！

「疲れてる」って会ってくれなくなった彼。どうして？

昔は疲れてるときほど会いに来てくれたのに！変わりすぎじゃない？

「マジ今週疲れた！　早く会いたい♡」金曜の朝から会いたいLINEをしてきてくれる彼。「私も早く会いたい♡」ってレスしてウキウキ。

自分の存在を励みに仕事を頑張ってくれる。そんな人と付き合えてラッキーだよね。いままで付き合った彼は自分の都合がいいときだけ、気まぐれに「いまから会える？」ってLINEしてきたり、ドタキャンしてきたり……。ついに私も「どう本命」と付き合えたんだって心が躍る。

CASE 2

男がスパルタオトン化しちゃう、世間知らずで依存度高めの甘ったれ系クラッシャー

「あ〜マジで！　疲れた〜」そう言うと二人っきりのエレベーターの中で思い切り抱きついてきた彼。「人乗ってきちゃうよw」「10秒チャージ完了w」サッと離れて、手をギュッと握られて幸せ♡　だったのに……。

「今週予定どうする？」「ごめん、疲れてるから土曜の夜からでいい？」前は金曜の仕事終わりにはすっ飛んできて日曜まで一緒だったのに、最近ずっとこう！しかも日曜の午後には「まだ仕事あるから」って解散されちゃう。

「なんかさ、最近私のこと避けてない？　だって前みたいに、週末一緒にいてくれないじゃん！　なんかこんなの避けられてるとしか思えないし、私のことちゃんと彼女だと思ってるの？　って不安になっちゃう」「いや、本当に疲れてるから一人になりたいだけだよ」「なんで？　どうして一人？　昔は『アイに会えるだけで癒される』って言ってくれてたじゃん！　絶対おかしいよ！　本当に私のこと好きなら一緒にいたいと思うんじゃないの?!」

「疲れてるんだよ！　休みの日くらいお願いだから静かに過ごさせて！」

……なにそれ。私がうるさいってこと？　はぁ～？（怒）

◇◦◇

いやほんと、これまでウキウキでデートしてた彼が会ってくれなくなる現象、悲しすぎる～（涙）「忙しい」「疲れてる」って便利な言葉に感じちゃいますよね。

貴女は自分に会うことを生きがいにしてくれていた彼が、会う時間や回数を制限するようになって、納得できない思いをしていませんか？


休日に短時間しか会ってくれなくなった（前はみっちりだったのに！）

彼から「会える？」「会いたい」と言われなくなった（前のめりだったのに！）

デートしてもこっちの話を聞いてない気がする（なんならイヤホンつけてる！）


たしかにね。付き合いたての頃の男性の「会いたい会いたいよ！」みたいな情熱、徐々に落ち着いてくるモノです。それでも彼女と過ごす時間が癒しやリフレッシュ

CASE 2

男がスパルタオトン化しちゃう、世間知らずで依存度高めの甘ったれ系クラッシャー

になるのであれば、自然と（以前と大差なく）会うことになるモノ。あからさまに会う回数や時間が減った場合、貴女が「甘ったれ系クラッシャー」をしてしまった可能性があります！　心当たりはありませんか？

思い浮かぶことなんでも口にする脳内ラジオたれ流し女

1　「あのね○○でね〜」と思いつくまま気ままに話をする（オチなし）
2　彼主体の会話は「つまんない」「興味ない」「難しい」と思っちゃう
3　つい正直に「美味しくない」「つまんない」と口にしちゃう
4　自分の大好きな推しや趣味の話をダラダラしちゃう
5　過去に元彼や家族、友人から「話しすぎ」と注意されたことがある

彼と過ごしているときに、つい、

- **喋（しゃべ）りすぎ**
- **相手の様子を観察してない**（疲れてそう、考え事してそうとか無視）

・女友達や親友にするような感じの会話をしてしまう

こんなテンションでいる女性は、男性から会う回数や時間をガクンと減らされてしまうのです！

理由はシンプルに「疲れる」から。そして彼に配慮ゼロのスタンスで「聞いて聞いて〜」とまくし立てる姿に「甘ったれてるな〜」と萎えてしまうからです！

男性心理

男性は自由気ままにぺちゃくちゃ喋る女性は、相手の状況を考えない甘ったれた女性だと感じてしまいます。そして「俺のこと雑に扱ってるな」とすら感じてしまう！

男性はマシンガントークをされてしまうと、貴女に会っても癒されなくなります。なので会う回数や時間をコントロールすることで、疲れを軽減しようとするのです。

CASE 2

男がスパルタオトン化しちゃう、世間知らずで依存度高めの甘ったれ系クラッシャー

貴女が変えるべきところは、

・彼に親友の代わりやニコイチノリを求めてしまっている
・頭の中に思い浮かぶことをつい口にしてしまう

ココです。まるで幼い子供が親に甘えるみたいに「〝ママ〟、聞いて聞いて〜」「私を見て聞いて〜」と彼に甘ったれて〝依存して〟しまっているのです。

男性は貴女の脳内ラジオをたれ流すための相手じゃありません。それを踏まえて「この子といるとリフレッシュできるな」「一緒にいると癒されるな」と感じないと、「一緒にいるとダルいな」とど本命から転落してしまうのです！（ショックや）。

この状況を変えるために「自立のメスカ」と「尊敬のメスカ」のステップを踏んでいきましょう！

ど本命復活ステップで
癒しの彼女へ!

『気付きステップ』

- お喋りしすぎは甘えたい心の表れ、依存だと気付く

『マインドステップ』

- 頭の中のお喋りをたれ流して聞かせるのは失礼だと自覚すること

『行動ステップ』

- 日頃から「この話あの人にしたいな」と思うことの「起承転結」を想像する癖を身につける
- 話したいことが浮かんだら「オチないけどいい?w」と一言添える
- 彼の会話に関心を持ち、ちゃんといい反応をすること(会話泥棒やアクビしない!)
- ふとしたときに「ギュッてして♡」と甘える

CASE 2

男がスパルタオトン化しちゃう、世間知らずで依存度高めの甘ったれ系クラッシャー

貴女は恋愛に限らず、**さびしがりやで依存心が強い傾向があると思います。なので、さびしさを埋めるがごとく、喋り続けてしまうのです！**　でも彼は、貴女のさびしさを埋めるための道具ではありません。それに気が付くことが「自立」なのです。

いままでは「あのね聞いてあのね」となんでも受け止めてくれるママを求める幼児のように喋っていました。「**話したい内容の起承転結を想像する」ことが聞き手と自分の距離感を生み出します。これが自立のメス力の第一歩です！**

そして「オチないけどいい？」と予告することで、（そう、私はオチがないこと喋るんだ）と自覚できて、ダラダラ話す癖もなくなっていきます（彼も心構えができるんやで）。

それから、きっと付き合いたての頃は難なくできていた、「彼の話に関心を持つ」。これを復活してください～！　男性はダラダラと話をたれ流されると、女性から雑に扱われている感覚、すなわち「俺のことなんて尊敬していないんだろうな」と悲しくなってしまうのです。

想像してください！　尊敬している人、付き合うかどうかの距離感の男性にダ

ラダラと「あのね〜私ね〜」と脳内ラジオを放送して聞かせますか？

ダラダラ話をせず（話をするなってこととちゃうよ?）、関心を持って自分の話を聞いてくれる女性といるだけで、男性は癒されます！

癒される女性（尊敬してくれる女性）に男性は会いたがります（これが尊敬のメス力の効果や）！

だから「どうして？　私に会いたくないの？　冷めたの？」と問い詰める前に、だまされたと思って『ど本命復活ステップ』を実行するのです！

「あ〜！　マシンガントークした〜い」ってときは、甘えたい心の裏返しなので、彼にハグをリクエストしてくださいね♡

そういう〝甘え方〟、男性は大好物ですから！

CASE 2

男がスパルタオトン化しちゃう、世間知らずで依存度高めの
甘ったれ系クラッシャー

彼がケチくさく厳しい男になりました……。

あんなに甘やかしてくれてた彼、
最近は監督っぽくて厳し～！

「ね～お願い♡」「も～しょうがない子だなぁ♡」彼は自宅で夕飯したそうだったけど、私的に今日は外でご飯の気分だった。甘えてお願いすれば、OKしてくれる彼。本当はあんまり外食好きじゃなかったらしいんだけど、外食派の私に付き合ってくれる。めっちゃど本命彼氏っぽいｗ。

「？　どうしたの？」「ん？　美味しそうに食べるなって見てたｗ」「も～。じっ

と見てきたら恥ずかしいよ♡　ねぇ、これも食べた〜い！」「はいはい、お姫様、どうぞｗ」『メス力』ではかわいくおねだりが正解だもんねｗ　好きな人と美味しいモノ食べて幸せ〜♡　私の価値観に合わせてくれる「ど本命彼氏」って最高ｗ

って思ってたのに……。

「今日さ、外で食べたいな〜♡」「ちゃんと自炊しなさい（ピシャリ）」
「明日さ、ここ行こうよ♡」「お金使いすぎだからダメ（ピシャリ）」

最近厳しくて悲しくなる……。彼、なんか嫌なことでもあったのかな？　私に冷めたのかな……。最近甘えると、バッサリ斬られることばかり……。
「ねぇ、2年記念日はどっかに連れていってくれるよね？」「はぁ〜〜〜（深いため息）」「何それ……」「アイはさ、何かしてほしいばっかりなんだよ！　女だからって甘えてんじゃないの？」「そんなことないけど……！」「前だって『結婚したらパートにしたい〜い』って言ってたよね？　共働きでお互い頑張ろう、支え合おうとは思わないワケ？　男におんぶだっこすることばかりじゃん。俺、しんどいんだけど！」

マジ〜〜〜？　私の彼、女性軽視男だったのかも……。これ、共働きさせられて女側が家事やって搾取されるヤツだ……。**お見切り案件かも〜（涙）**。

◇◦◇

甘やかしてくれてた彼が突然厳しくなる〜！　「私を釣るためのニセの優しさだったのかも?!」って不安になりますよね……。

最初の頃はメロメロ甘々だった彼が、こんなふうに「監督化」して悲しい思いをしていませんか？

「お願い♡」と甘えてもピシャリと拒絶される（ニコニコOKしてたのに）
「考えが甘い」などお説教されるようになった（お説教男じゃなかったのに）
「○○しなさい」など命令口調になった（口調甘々だったのに！）

たしかに世の中にはモラハラや女性軽視男がいて、最初は女性を釣るために甘やかすフリをします。そして付き合い出すと命令、指示して豹変します。でも中には「ど本命彼氏」だったハズなのに、監督男に豹変してしまうパターンもあるのです！その場合、貴女が「甘ったれ系クラッシャー」を積み重ねてしまったのかもしれません！　たとえばこんな感じで。

ラクするために彼を利用するおんぶだっこ女

1　「女の子（ど本命）だもん！　ワガママ聞いてくれるよね」と思っている
2　「当然、ご馳走（ちそう）してくれるモノじゃない？」と勘違いしている
3　「ありがと〜」と感謝の言葉が軽い
4　アレやりたい、コレ欲しい、とお願いが多すぎる
5　ぶっちゃけ、周りの同世代より「私、かわいくない？」と思っている
6　人生、ラクしたい。彼に守ってもらいつつ

CASE 2

男がスパルタオトン化しちゃう、世間知らずで依存度高めの甘ったれ系クラッシャー

日頃から彼に対して、
・「お願い♡」と甘えすぎ
・ラクするために彼を利用している

こんなふうに「メス力」の間違った使い方をしていると、彼が「監督」のごとく、貴女に厳しく接するようになります。
なぜならその「お願い♡」がかわいい甘えん坊ではなく、「自立を拒んで男に寄生する女」に見えてしまうからです。

男性心理

男性は「自立」した女の甘えん坊だからかわいいと思う。ただ楽するために女という武器を使って甘ったれている人には嫌悪感を覚えてしまう。

精神的・経済的自立をする以前に「甘え上手のメス力は使えるわ〜♡」と乱用しまくった結果、彼は厳しい監督男に豹変したのです！　**しかもコレって彼の責任**

感。「俺が甘やかしてしまったから、甘ったれになってしまっている！　ちゃんとしっかりさせないと！」とある意味〝プロオトン化〟させてしまっているのですよ！（プロオカンも彼を一人前にしようと叱咤するやろ？）

貴女の問題点は、

・「男は女のことを守るべき」という思いが強い
・でも彼のことを幸せにする意識（感謝の心）が弱い

辛口になりますが、結果として彼に「俺って搾取されてる？」と思わせてしまっています（彼女をそんな悪い女にはさせたくない、と叱咤モードオン！）。

でも貴女が求めているのは、叱咤される関係ではなく、付き合いたての頃のように、メロメロど本命として甘やかしてもらうことですよね？　そういう関係に戻るためには「自立のメス力」「感謝のメス力」「凛とするメス力」のステップが必要なのです！

ど本命復活ステップで本当の「甘え上手」な女へ!

『気付きステップ』

- 甘ったれてしまうのは彼の愛情を確認したいからと気付く

『マインドステップ』

- 「彼が〇〇してくれる」前提でお願いごとをするのは搾取じゃないかと立ち止まること!
- 周りの「ど本命エピソード」と彼を比べないこと!

『行動ステップ』

- 彼が自ら「〇〇しようか?」と申し出るまでしばらくお願いごとは厳禁
- ちょっとした彼の気遣いにキラキラな瞳で大感謝(しばらく継続)
- 彼が監督モードを緩めたら軽い「お願い」をする
- 断られても気にしない

「女の子だから甘やかして」というタイプの人は美女が多いからこそ厄介ｗ　若いときにチヤホヤされてきた人ほど、「甘ったれ系クラッシャー」にハマりやすいのです。

貴女を甘やかしてきた男性たちにプロポーズされなかったのが答え。彼らは貴女の「若さ」を搾取していたのですよ！　せっかくいま「ど本命」に出会えたのなら、ここで考えを変えて「ど本命復活」してください（辛口堪忍や）。

彼が貴女に優しかったのは「女の子だからじゃなく、惚れていたから」です。惚れた女だからこそ、彼は甘ったれている貴女をお見切りせず厳しくする。いや、惚れた女に厳しくするなんて苦行を貴女は彼に強いているのですよ（涙）。

「私、優しくされて当然」と思わずに、まずは彼が自発的にしてくれたほんのわずかなことに、キラキラの瞳で感謝のメス力をバンバンやりましょう！　その上で自分でできることをいちいち「できない」とＬＩＮＥせず、自分でさっさとこなしてしまいましょう！　ここは自立のメス力です（力仕事はしなくていいです、雑用です）。しばらく続けていると、彼はむやみに「お願い」されて搾取されている感覚から脱出し、また貴女がいい感じに自立したことに安心します。そこまできたら、やっと「○○したいな、お願い♡」と甘え上手になってください。

もしかしたら、彼はしばらく断るかもしれません。そんなときに「私のこと愛してないんでしょ」なんて「ど本命ジャッジ」しちゃダメですよ。選択の自由（断ってもOK）があることで、男性はのびのびした気持ちで女性を愛することができるからです。

そして（おそらく）美女の貴女に告げたい！

美女友が玉の輿（こし）に乗っていたって、比べんな〜！　比べてしまうなら、距離を取れ〜！　周りの「豪華！　ど本命エピソード」と比較するな〜！　**周りと比較しない。コレが凛とするメス力であり、ど本命であり続ける鍵なのです！**

「俺には幸せにできないかも」って彼が自信喪失！

私のこと大切にしてくれてた彼が最近しんどそう！原因が知りたい！

「仕事終わるの19時になりそう」「いいよ、愛子の職場のほうまで迎えに行く」「え、いいの？　一度家に戻らなきゃじゃない？」「大丈夫！　夕方から雨らしいしさ」サクッと車を出してくれて優しい彼。私のこと心配だからって、送り迎えしてくれる♡

「今日、リリたちと飲んでくる〜」「何時頃終わるか教えて、迎えに行くよ」「ホント？　うれしい！」翌朝早いのにわざわざ私を迎えに来て、自宅（実家）に送り届けてくれたり。私と少しでも一緒にいたいからいいんだよ、って言ってくれて。

元彼のときは私が電車でわざわざ1時間かけて会いに行ってた。でも彼は「来てもらうのが申し訳ないからいいんだよ」って言ってくれる。男の人って「ど本命」のためになら行動するって本当なんだって感動してた。けど……。

「明日時間ある？　仕事の後さ、大雨っぽくて迎えに来てほしい！」「ごめん、ムリかも」「え？　残業？　どうしてもムリそう？」「う〜ん、ちょっと……」彼の様子がおかしくて、慌てて電話をかけた（ほとんど残業ない人なのに、嘘ついてる？）。

「もしもし、明日どうかしたの？　ていうかなんかあったの？　最近元気なくない？」「いや、そういうワケじゃないけど……」「明日はムリそう？」「う〜ん、あのさ、最近考えてて……俺には愛子のこと幸せにできないかも……」「え？　なんで急にどういうこと⁈」「うまく言えないけど、ごめん……」

長い長い沈黙……。せめて明日会って話がしたい！

「明日は会えないの？」「ごめん愛子、しばらく距離置かせて欲しい」「え……」

どうして？ どうしてこうなっちゃったの？

私たちめっちゃラブラブだったじゃん！　マジで男心理解できない！

◇◦◇

きっついわ〜！　「俺には幸せにできない」からの「距離を置こう」の流れ（号泣）。

距離置きたいって「別れたい」ってことでっせ、皆さま（挽回したいよなぁ）。

貴女のためにせっせと稼働（あえてこの言葉や）してくれていた彼が、変わってしまって悲しい思いをしていませんか？　たとえばこんな感じで。

会いに来てくれなくなった（昔は隙あらば会いに来てくれてたのに）

「○○しようか？」と彼から申し出てくれることがない（前はたくさんあった！）

「○○して」と言っても渋る（昔はニコニコやってくれたのに）

CASE 2

男がスパルタオトン化しちゃう、世間知らずで依存度高めの
甘ったれ系クラッシャー

付き合いたてはね、男性もサービス期間なんですよw　貴女の心をつかむためにガンガン稼働してくれるモノだし、自然と落ち着いてくるモノ。でも稼働してくれていた彼がさっきの3つをやり出したら要注意！　ほっとくと「俺には幸せにできない」という恐ろしい最終通告が下されます！　これね、貴女が「甘ったれ系クラッシャー」を無意識のうちにやってしまっているのが原因なんです！

「彼って優しい人」と誤解している要求山盛り女

1　自分に優しいのは、彼の優しい性格だからと勘違い
2　尽くされるのに慣れてしまって「ありがとう」が雑
3　当たり前のように「〇〇して」と頼みごとをする
4　断られると「なんでダメなの？　本当にダメ？」としつこい

彼の優しさについ、

・甘えて感謝の心が薄い

・当然のように頼みごとをして感謝の反応が薄い
・断られると納得できない（ムリしてよ）

こんな感じで彼の稼働を「当たり前」「優しい性格だもん」「私ど本命彼女だし」と調子に乗っていると、彼から見放されてしまうのです！
原因はバカにされているように感じてしまうから！

男性心理

男性は自分の稼働（惚れた女への優しさ）に感謝されないと、急にバカバカしくなる。そして「尽くしても満足してくれないし、俺の手には負えない」と自信が無くなり、気持ちが冷めてしまう。

彼がしてくれることに、「私のこと好きだもんね！　当然だもんね」と甘えてしまった結果、彼は貴女を幸せにする自信を失ったのです。男性は何年経っても感謝してくれる女性だからこそ、「幸せにしたい」と稼働します。そして喜んでもらえると「俺はこの人を幸せにできるぞ！」と自信が湧いてくるのです。

貴女の悪いところは、

・むしろ彼を動かしてラクしたいという気持ちが前面に出ている
・尽くされ慣れて「当然でしょ」と勘違いしてしまった

「ど本命」に巡りあうとあり得ないくらい稼働してもらえます。そこから幸せであり続ける女性と、ど本命から転落してしまう女性の大きな差は「**いつまでたっても感謝し続ける**」。**ココなんです！**　いまの貴女は「何をしてあげても感謝しないどころか、もっともっとと要求ばかりの甘ったれ女」と彼の目に映っています！

大至急、「感謝のメスカ」で関係修復に取り組んでいきましょう！

ど本命復活ステップで
甘ったれから甘えん坊へ!

『気付きステップ』

- 彼の性格が優しいから稼働してくれるんじゃなく、惚れた女を幸せにするための愛情表現だと気付く
- 貴女が感謝しないとその愛情表現は消えるという危機感を持つ

『マインドステップ』

- 彼の優しさには全力で感謝すると決めること!

『行動ステップ』

- 彼がいままでしてくれたことを細かく書き出してみる
- 彼に「そういえばあの時〇〇してくれたよね、うれしかったな♡」「いつも最高の彼氏だよねって思ってさ」と思い出話を装って感謝を伝える
- 日頃から「ありがと〜」「うれしい〜」「やってくれたの?!」と声を弾ませるのを忘れない
- 抱きついたり、頬に「ありがと♡」とキスするのも有効!

CASE 2

男がスパルタオトン化しちゃう、世間知らずで依存度高めの甘ったれ系クラッシャー

いいですか？　男性は女性が声を弾ませて「ありがとう♡」と言ってくれるからこそ、優しく尽くすのです！　貴女の感謝が稼働するためのエネルギーなんです！

それを渋ったら「もう、力が出ないよ……。俺には幸せにするのムリ」と萎れてしまうのです！

最近彼から稼働を渋られている貴女、『彼がしてくれたこと』を大至急メモしてください！　**そして思い出話ふうに感謝を伝えるのです！　なぜ思い出話ふうかって？**

「あの時もあの時も優しくしてくれてたよね、感謝してるよ」と言われるよりも、うっとり回想しながら「あの時うれしかったな～♡」ときれいな思い出に俺様が登場する感じのほうがダントツでロマンティックだからです！

女性が思うロマンティック（夜景、サプライズ、ハイブランド）は現実的なモノですが、**男性が思うロマンティックはもっと『彼女の心のきれいな部分』がチラッと見えて、キラッと輝く。そういう感じなのですよ！**

それでいうと、感謝しない女は心が汚いのでどんなに着飾っていても、男のロマ

ンチズムをくすぐるような美しい存在ではないのです。

感謝のメス力は貴女を宝石のように輝かせる効果があります。これを徹底してい
る女性は、たとえ高熱を出して数日入浴できなくてボロボロであろうと、彼の瞳に
は輝いて見えるのです（この宝石を守ってやらねばぁ！）。

貴女はきっと、付き合いたての頃は喜び上手で、彼の瞳には宝石のように輝いて
いたことでしょう。感謝を忘れた結果、石ころ化してしまいました。

でも、あきらめなくてもいいんです。

うっとり回想しながら、彼への感謝の言葉をささやいて、男のロマンチズムをく
すぐってください。そうしたら、「ど本命復活」も間違いなし。

感謝の言葉が女を磨いて輝かせる！ これ一生忘れずにいきましょう！

CASE 2

男がスパルタオトン化しちゃう、世間知らずで依存度高めの甘ったれ系クラッシャー

彼があきれた顔したり、ため息ついてくるのがイラつく！

優しく支えてくれてたのに！「出たよ……」とか言われる～（怒）

「ね～ヒロ君、このサービス退会するところがな～い！　さっきからずっと見てるんだけど～」「ん？　見せてみ？　あ～これWebからは退会できないヤツだね……。ほら、この電話番号にかけなきゃいけないんだよ」「え？　意味わかんない?!　ダルくない？」「そういうサイト結構あるんだよ」「ありがとう～、気が付かなかった～」なんでも頼りになるヒロ君。世間知らずの私のことをサポートしてくれて、本当に助かる存在♡

私の疑問や質問を「愛佳は発想が自由だよねw」って面白がってくれる。それで私にもわかるように丁寧に説明してくれて、こんなに頼りになる人と結婚できたら、凸凹コンビで最強じゃない？　って思ってた。

でも最近の彼はちょっと冷たい……。

「ね～ヒロ君コレ分かる～？」「……」「聞いてる？」「聞いてるよ」「うちのキッチンにこの収納置きたいんだけど、サイズ的に大きすぎないかな？」「サイズ測ったの？」「まだ」「はぁ……まずは測ってみなよ」「メジャーないもん」「メジャーないの？　じゃわからなくない？」「ヒロ君ならだいたいの大きさ想像つくかなって思って」「収納の前にメジャー買いな。ほら、Ａｍａｚｏｎ開いて」「いま？」「います！」

何か聞くとまずため息。それで一緒にやってくれるでもなく、キツイ口調で命令してくることが増えちゃった。

CASE 2

男がスパルタオトン化しちゃう、世間知らずで依存度高めの甘ったれ系クラッシャー

「メジャー買ったよ♡　届いたらうちのキッチン測ってよ」「まずは〝自分で〟やりなさい。てか必要か？　まず物を捨てるところからじゃないの？　消費期限切れた調味料とか、前もストックしてたでしょ？　掃除はした？」

あ〜、めんどくさ〜い！　なんか最近いちいちうるさいんだけど〜！

◇

何気ない話題でも、説教モードでいちいちうるさくなった彼。一緒に過ごしていると、自分のポンコツ具合を突きつけられるみたいでシンドイですよね。

最初はいろいろ知恵を貸してくれたり、力になってくれた彼が突き放してくるようになって、だまされたような気持ちになってはいませんか？

お願いすると「自分でしなさい」と命令される（昔はやってくれたのに）

何か質問すると「知らない」と拒絶されるようになった（昔は説明してくれたのに）

あきれた顔、ため息をよくつかれるようになった（昔は絶対なかった！）

「どうしたの？　教えるよ♡」と優しくわかりやすくサポートしてくれていた彼が「俺も知らないけど」「……はぁ」「一般常識だけど？（冷めた目）」と冷たくなってしまった。これもやっぱり「甘ったれ系クラッシャー」を重ねた結果なんです。心当たりはありませんか？

「お願い♡」で人生を乗り越えてきたつもりのおバカちゃん女

1　わからないことを自分で検索する癖がない
2　彼氏、親友、家族にすぐ「わからない」「できない」と甘える
3　たしかに自分は世間知らずなほうだと思う
4　身の回りのことを世話してくれる家族友人がいた

いままでの生き方の延長で彼に対しても、

- **「わからないことは聞けばいいっか！」と思っている**
- **自分で調べる、知識を身に付ける気がない**

・すぐに質問してしまう（同じことも）

こうやって、つねに「知らない」「わからない」「教えて～」「やって～」と言い続けた結果、彼はうんざりしてしまったのです。

なぜなら男性は学習する気のある「無知な人」は好きですが、人に聞けばいいや～、と甘ったれている人のことは「世間知らずすぎる」と見下してしまうからです。

男性心理

男性は学習する気のない「世間知らずな女」に対して「このおバカちゃん一生俺が背負わなきゃいけんわけ？」とげんなりする。

貴女の「誰かしらがいつも助けてくれるし！」と学ばない姿勢に、彼は「俺が一生懸命教えたり、サポートしても聞いてないってことじゃね？」と苛立ち（いらだ）を覚えて、つい冷たく突き放したり、あきれた態度をしてしまうということ！　そうして「甘やかすとどんどん頼られるし、突き放さないとダメだな」と命令口調になってしまうのですよね……（一種のスパルタオトンやで）。

貴女は誰かに甘えて依存することで、自分が愛されていると実感したいのではないでしょうか？　甘えの裏にはつねに「愛情の試し行為」が潜んでいます。

「試し行為」をする人間は、相手から疎ましがられるし、どこか下に見られてしまいます（ど本命から転落やぞ！）。

なので貴女の問題点、

・他人にお世話されることで愛情を感じたい

・それが癖付いて、無知、世間知らずになってしまっている

ここを修正していきましょう！　貴女の甘えん坊な部分は魅力です。きっと感謝上手でもあるでしょう。おそらく彼もそれに惹かれて優しくサポートしてくれていました（ど本命）。なので、「自立のメス力」と「尊敬のメス力」のステップを取り入れて、甘ったれから、甘やかしたくなる女に舞い戻りましょう！

ど本命復活ステップで
男が甘やかしたくなる女へ！

『気付きステップ』

- 他人に尽くさせることで愛情を感じていたと気付く

『マインドステップ』

- 人にお世話されなくても、貴女のそばにいる人は貴女を大切に思っていると信じること!

『行動ステップ』

- 知らないこと、わからないことはまず自分で調べる
- 親や友人がすでに貴女と共依存になっている場合、「ありがとう!　自分でやってみるね♡」と相手の申し出を感謝しつつ断ることも重要
- 彼が親切に説明、サポートしてくれたら「本当に詳しい」「わかりやすくよく説明できるね～」「いつこういうの勉強してるの?」と尊敬の気持ちを表す
- 彼の申し出は「いいの?! うれしい!」と全力で受け止める

貴女が甘ったれ系クラッシャーになった背景に、必ず世話焼き体質の、母親、姉妹、親友がいたはずです。**彼女たちは貴女の世話を焼くことで承認欲求を満たし、貴女と共依存になっている可能性大！　その彼女たちからも「自立」しなければ、男性のど本命になることは難しいと知ってください**（**男は自分以外の存在に依存している女を愛せないのや……**）。おそらく貴女が頼りにしなくなった途端、彼の悪口を言い出したり、貴女の人格を否定してくることでしょう。自分の承認欲求を満たしてくれる存在を手放したくないのですから（このおバカな子を世話できるのは私だけという見下し要員や）。

さて、彼女たちとジワジワ距離を置きつつも、彼に対しても自立のメス力と尊敬のメス力を実践です！　**自分で調べ知識を身に付けようとするのは、言わずもがな自立のメス力です。貴女にはココが強烈に欠けています。今日から検索する癖をつけてください**（**自分で調べたら1秒なことを他人に聞かないw**）。

そこからの尊敬のメス力「どうしてこんなに物知りなの？」「いろいろいつ勉強するの？」「説明上手な人って、本当の意味で賢いらしいよ」とたくさん尊敬を表

す言葉を伝えながら、教えて欲しいことを聞けばいいのですよ。

そして、ちゃんとメモしたりすること！「俺が教えたりしても、覚える気ないじゃん」という虚無感から救ってあげてくださいね。


貴女は男性からすると、頼り上手で愛される要素がいっぱいです。

きっと覚えようとしても、これまでの習慣で抜けてしまうことも多いと思います。一生懸命覚える気はあるのに、抜けている女性（しかも尊敬してくれる）のことを男性は、「俺がいなきゃダメなんだよね♡」とデレる傾向があるので、あと一歩！ど本命復活ステップを踏んでいきましょうね♡

CASE 2

男がスパルタオトン化しちゃう、世間知らずで依存度高めの甘ったれ系クラッシャー

彼に「怖い」って言われた……。ショックすぎ！

心を開いて付き合ってたのに、絶対私に本音隠してる！
彼に何があったの?!

男の人って喧嘩になると逃げるか、キレる。そんな印象があった。
でも彼は違う。喧嘩になってもちゃんと向き合ってくれるし、「愛菜にさびしい思いさせてごめん」って抱きしめてくれる。逃げたりキレる男だと、女って本音を言えなくなるよね。でも彼はそんな卑怯者じゃないから、私もありのままの自分でいられてラク。

愛されるって、本当にラクなんだよね♡

CASE 2

男がスパルタオトン化しちゃう、世間知らずで依存度高めの
甘ったれ系クラッシャー

私が「それヤダ」って言えば「もうしないよ」って言ってくれて。
不安のない恋愛。ちゃんと彼が向き合って歩み寄ってくれる感覚。本当に本当に幸せだった。

だったんだけどな〜（涙）。

「ねぇ、だからイヤだって言ってるの！　聞いてる？」「聞いてる」「聞くってさ！ちゃんと向き合うってことだよ？　聞き流すことじゃないってば！」「言うことを〝聞け〟ってことね……」「そういう意味じゃない！　私が悲しい思いしてるのに、そのままでいいと思うワケ？　彼氏として！」

「愛菜さ、怖いよ」

怖い……？　え？　ウソでしょ？　愛される女が彼氏から「怖い」なんて言われるハズないよね……。

「怖いってどういうことなの⁉」

「ヒステリックで怖いんだよ。自分の思う通りにいかないと……。俺、愛菜には自分の意見言えん」……絶句。この人も他の男と同じ、「逃げる男」だったの？

それとも私が「ど本命」から転落しただけ……？

◇

シンドイ、シンドイ、シンド〜イ！　好きな人からの「怖い」って、心をエグってくるやつや〜（汗）。

お互い意思疎通がちゃんと取れていた唯一無二のカップルだったのに、彼が貴女を恐れるようになって悲しい気持ちになってはいませんか？

「怖い」と言われたことがある（昔は好きだよ、かわいい、だらけ！）

彼が本音を隠すようになった（昔はオープンだったのに！）

彼からスキンシップを取ってくれなくなった（昔はつねにベタベタ）

たしかに男性って（全員ではありませんが）親密な期間が長くなると、無口になる

CASE 2

男がスパルタオトン化しちゃう、世間知らずで依存度高めの甘ったれ系クラッシャー

傾向があります。そもそも私たち女性とは違って、おしゃべりでストレス解消する気質じゃないからです（ボ〜ッとしたり、ゲームやスポーツで発散）。

でもっ！　あんなにいろいろ話をして、いちゃいちゃしながら過ごして、「愛菜がそう言うならそうしようか！」と意見を尊重してくれていた彼から、「怖い」と言われてしまったことがあるのであれば、「甘ったれ系クラッシャー」をやらかしてしまっていると考えられます。

オープンマインドを勘違いしている、恥じらいゼロ女

1　なんにでもイヤって言う「同窓会行かないで〜！」「私のこと優先してよ！」
2　何もかも伝えてしまう（相手の気持ちに配慮せず）
3　ヒステリックになってしまう（泣きながらパターンも）
4　彼が自分の意見を受け入れてくれないとイライラする（そしてまたキレる）

日頃から彼に対して、

・ありのままの自分の感情を見せすぎる
・彼が言われたらイヤな気持ちになるかな？　という配慮がない
・男のプライドをサクッと傷つけがち

こんな感じで「ありのままの私」をさらけ出してしまった結果、男性から恐れられるようになってしまいます。彼からすると、素っ裸で叫ぶモンスターと一緒にいるような気持ちになってしまうからです。

男性心理

男性はあまりにも剝き出しの姿、意見、感情をぶつけられると「恥じらいがない」と萎える。そして恥じらいゼロのモンスターはおっかなくて性欲が湧かない。

「私って愛されてる♡」とありのままの自分を解放しまくった結果、彼は「自分の意見ばっかり押し付けてくる」「『私のこと好きじゃないんだ』ってキレ散らかす」

と怖がるようになります（百倍にして返してないか？）。これってまさに、最初に出てきた「喧嘩になるとキレる恋人」に貴女がなってしまっているということ！

貴女の悪いところは、

- 自分の意見は彼が飲んでくれると思い込んでいる
- “彼には”怒りや悲しみの感情を爆発させてOKと思い込んでいる

「なんでも受け止めてくれるよね♡」と彼に感情をぶつけまくることで、試し行為をしてしまう「甘ったれ系クラッシャー」を直さないと、ど本命復活は無理なのですよ！　男性は私たち女性が思う以上に繊細です。感情をオブラートに包んでお届けしなきゃ、女の本音はあまりに辛辣で、怖くなって性欲が消え、抱きたくなくなります。

「自立のメス力」と「尊敬のメス力」「凛とするメス力」のステップを踏んでいきましょう！

ど本命復活ステップで
オープンな関係復活へ！

『気付きステップ』

- 怒りや悲しみを爆発させるのは不安な感情の表れと悟る

『マインドステップ』

- さらけ出しすぎると男性との縁が切れる、と危機感を持つこと！（ど本命も神じゃありません！）

『行動ステップ』

- 恋愛以前、人生で悲しかったこと、ムカついたことをノートに書き殴る。そのとき、怒りや涙を我慢せずに
- スッキリしたら紙をちぎって捨てる
- 彼にイラッとすることがあったら、なぜイラッとするか紙に書いて掘り下げる
- 愛情に不安がある？ 過去のトラウマ？ と突き詰めていく
- 心が落ち着いたら押し付けるのではなく「私はこう思った」と話す（喧嘩を売らない！）
- 「聞いてくれてありがとう」の言葉を忘れずに

CASE 2

男がスパルタオトン化しちゃう、世間知らずで依存度高めの甘ったれ系クラッシャー

甘ったれ系クラッシャーで感情を爆発させてしまう人、さらけ出しすぎてしまう人は、**親から無償の愛を与えてもらえなかったという悲しみを無意識のうちに抱えています。だから彼が自分の意見や感情を受け止めてくれないと、ヒステリックになって要望を通そうとします（イヤイヤ期の子供が彼を親代わりにしておる）。**

今回の『思いを書き出す』『掘り下げることで自分と向き合う』は自立のメス力であり、凛とするメス力です。

自分の心の奥底の声を聞き出して、書き出して、溜め込んでいた怒り、悲しみを解放してください。その感情を溜め込んでいるうちは、「試し行為」をしてしまうのです。**捉われていた感情を解放したときに、人は精神的に大人になり「自立」します。「自立」したときに「ど本命ジャッジ（試し行為）」から抜け出せるのです。**

感情的になりそうなときに、心を鎮めて（私の愛されたいさびしさが叫んでいるな）と悟ること。そこから彼に「I（アイ）メッセージ（私は○○なの）」で責めるでも、押し付けるでもない話し方をしてください。これが男性への尊敬のメス力となります。「聞いてくれてありがとう」と感謝を伝えることも、男性を蔑（ないがし）ろにしていないというメッ

セージ（敬意）として伝わるのです。

男性はなんでもかんでもさらけ出し、感情を爆発させる女性を愛せるほど、器がデカくないんですよw　**ちゃんと愛しやすいように、感情をいったん整理して、伝える工夫が必要なんです。**日頃から意識していれば、また心を開いて意思疎通できる彼が戻ってきますよ（レス気味も解決するかもや）。

大好きな人と心を開いて話をする。それこそが貴女の心を癒してくれる「ど本命薬」。受け止めてもらうことばかりじゃなく、自分を整えて彼を楽にしてあげることも考えてくださいね。

CASE 2

男がスパルタオトン化しちゃう、世間知らずで依存度高めの
甘ったれ系クラッシャー

甘ったれ女は「試し行為」をするクラッシャー

男性は好きな女性から甘えられると、「守ってあげたい」「いろいろしてあげたい」と思います。それは自己有用感が満たされるから。

でも甘えん坊を超えて「私のこと好きならなんでもしてくれるよね?」と試し行為をされてしまうと、「俺って利用されてる? いや試されてる?」とイラつきます。そして甘ったれている彼女の根性を叩き直そうと厳しく指導するようになりがちなのです。

付き合ってから彼が厳しくなってしまった方は、自分のことは自分でやる。これをまずは意識していきましょう。赤ちゃんのように依存することで、安心感を得ようとすると、どんな男性でも必ず音をあげますよ。

大人の女性としてしっかり自分の足で立つ。その上にトッピングとして「甘えん坊」をちりばめてくださいね。

COLUMN

ど本命復活、自分のためにやってみて!

未婚と既婚の間には埋まらない差があります。法律婚をした相手というのは男性にとって、覚悟を決めた相手なのです。10年交際していようが、同棲(どうせい)していようが、婚姻届を出さないのであれば、男性はその女性のことを渋っているということ。

裏を返すと「ど本命婚」をした貴女が浮気（未遂）されてしまったということは、もしかしたら本書の「クラッシャー」を年単位でやらかし続けてしまった結果かもしれません。

〝貴女が再構築を望むのであれば〟、過去はいっさい振り返らず、「ど本命復活ステップ」を本腰入れてしっかり踏んでいくことをオススメします。ど本命復活をし、試練を乗り越えた二人になる可能性もなきにしもあらずです。

さて、ここで念押ししておきますが、10年交際していようが、溺愛されていようが、同棲していようが、入籍前の浮気は一発アウト! 独身の貴女、都合よくこのページを解釈するのは禁止! お見切り一択です!

CASE 3

男を俺様に育てちゃう、ひたすら尽くして我慢する
オドオド系クラッシャー

『女性は尽くしてナンボかなと…』と倍返しするオドオド女

男性に嫌われるのを極端に恐れている。その恐怖心を尽くし行為をすることで、ごまかそうとする。また言いたいことがあっても、無理して相手に合わせてしまう。結果、男性の悪い面が増長して優しかった彼を俺様に育ててしまう。

CASE 3

男心をクラッシュしてしまう5パターン

私なんかのために申し訳ない！と萎縮する

彼が尽くしてくれていることを、
自分のために無理させていると思い込んでいる。

気が利く彼に倍返しする

尽くされることに罪悪感があり、
御礼に彼がしてくれた以上のことをしてしまう。

感情的に沈められてしまう

ハッキリ伝えると彼を傷つけ、嫌われてしまうという被害妄想で
言いたいことがまとまらず泣いてしまう。

先回りして尽くす

不安を感じると、彼に尽くすことで満足を得ようとしている。

なんでもOKしてしまう

相手の都合に合わせることが当たり前になっていて、
思うことがあっても伝えられない。

「いいんだよ、ゆっくり話して」と見守られていたのに、
「で? 何が言いたいの?」と突き放され、ど本命から転落!

男を俺様に育成するオドオド系女が、
ど本命復活するためのステップをお届けします!

彼がイベントとか無視します……（涙）

「イベント興味ないし」って、あったじゃん……。
嘘つき（涙）

「クリスマスだけど、俺行きたい店あるんだよね。いい？」「うん、もちろんだよ♡　どんなお店？」「友達が料理人なんだけど、独立して神楽坂のほうに店出したんだよね」「え〜？　神楽坂?!　素敵そう！　楽しみにしてるね♡」

彼はいつも遠慮がちな私に代わってどんどんデートスポットとか、イベントに連れ出してくれる。私、自分から提案するのが苦手だから本当にうれしい♡

CASE 3

男を俺様に育てちゃう、ひたすら尽くして我慢する
オドオド系クラッシャー

男らしさなんて……って時代だけど、やっぱりリードしてくれる人っていいなって思う。毎週が特別で、イベントもたくさん盛り上がって〝カップル〟って感じ。

元彼は週末家でダラダラするだけの人で、彼は元彼とは違うって思ってたんだけどな……。この一年、イベント無関心な人になっちゃった。

「……今年のクリスマスどうする？」「どうするって？」「ん〜。二人で出かけたりしないのかなって……」「俺、イベントとか興味ないんだよね。人すごいじゃん」

「そっか……」

嘘つき……。前はめちゃくちゃ楽しんでたじゃん。イベント！

「え〜、でもせっかくだし……どこか空いてるところあるかな……」「あ〜、俺、仕事かも」「そっか……」「……」「いつ頃ハッキリする？　予定」「わかったら言うわ」「うん、お願い」

結局、12月半ばに私がLINEしたら「その日仕事になった」ってそっけない返事。どうしてここまで彼、変わっちゃったんだろう……。私がもっとイベント企画したりするべきかな？　何が足りないんだろう……。

◇◦◇

イベントを堂々とスルーするようになる彼氏、ほんと悲しいですよね。しかも昔はイベントデートしてたやん！　っていう感じの（涙）。
昔はイベントデートしたり、カップルっぽいことをしてくれていた彼が変わってしまって残念な思いをしていませんか？

ハッキリ「興味ない」と断言する（昔はイベントデートしてたじゃん！）
そもそも外デートしてくれなくなった（毎週末出かけてたのに？）
全体的にそっけない態度（不器用とは違う、無反応感……）

CASE 3

男を俺様に育てちゃう、ひたすら尽くして我慢する
オドオド系クラッシャー

お付き合いしたての頃は、二人で経験することがすべて新鮮で、あっちこっちデートに出かけたりするもの。時間が経てば「家でゆっくりしたいわ〜」なんてこともお互いあるでしょう。でも「興味ない」って単語を彼が使い出すようになったら、これ見過ごし厳禁の〝ど本命転落警報〟発令中！　もしかしたら彼のやる気を削ぐ「オドオド系クラッシャー」をやらかしてしまったかもしれません！　心あたりはありませんか？

私なんかのために申し訳ない！と萎縮するペコペコ女

1 「こんな素敵なところ連れてきてもらってごめんね」と萎縮する
2 「お会計私も出すね、いくらだった？」としつこい
3 「ご馳走になって申し訳ないな」と恐縮する
4 デート中「疲れてない？　無理してない？」とうるさい

日頃のデートのときから、

・いちいち申し訳なさそうにしすぎ
・ごめんねが多すぎ
・大丈夫？　と聞きすぎ

こんなふるまいをしていると、男性はデートで張り切るのがバカバカしくなります。

なぜなら貴女の萎縮している姿を見ていると、イライラしてしまうからです。

男性心理

喜ぶ顔が見たくて尽くしているのに、萎縮されると（そうじゃないんだけどな〜）とイラつく。自分が役に立ててる感覚が得られず、興味がなくなる。

彼がしてくれることに、いちいち「申し訳ない」とオドオドした反応をした結果、彼は貴女を喜ばせることに興味がなくなってしまったのです（まじ、無駄だったわ）。

そもそもですよ？　貴女は彼に対してどうしてそんなに萎縮してしまうのかというと、彼に嫌われることが怖いからですよね……。

貴女の直すべきところは、

・受け取り下手で尽くされると申し訳なくなる
・自分のために彼にムリさせると、愛想尽かされると思い込んでいる

貴女の喜ぶ顔が見たくて尽くしている「ど本命」の心を踏みにじってしまっている！　それがアカンのですよ！

男性が女性を「ど本命扱い」し続けるためには、絶対的に喜ぶ顔を見せていなきゃダメ！　いまの貴女は「この子に何かしてあげても心から喜んでくれてないな」「俺のこと大丈夫とか気遣ってくれるけど、もっと甘えてくれてもいいのに」とむなしくさせてしまっているのです（その結果そっけないのや！）。

ただちに、「感謝のメスカ」のステップを踏んで、受け取り上手な女になってください！

ど本命復活ステップで
男を幸福にする女へ!

『気付きステップ』

- 萎縮することで、貴女の笑顔を見て幸せになりたい彼を不幸に突き落としていると気付く

『マインドステップ』

- 「ごめん」の10倍「ありがとう」を伝えて彼を幸せにする!
- 彼が選んだのは貴女。「私なんて」と思うこと自体彼に失礼!

『行動ステップ』

- 些細なことにも「ごめん」「申し訳ない」は禁止
- 彼が何かしてくれたときお返しを考えるより、受け取ることに集中
- 「大丈夫?」と気遣いすぎない(男はダメなら言います!)

CASE 3

男を俺様に育てちゃう、ひたすら尽くして我慢する
オドオド系クラッシャー

あのですね、彼は貴女がよくて付き合っているのですよ。「ど本命」としていろいろ尽くして幸せそうな顔が見たくて……その顔を見ていると幸せなんですよ！

貴女が「申し訳ない」とオドオド系クラッシャーをすると、彼は貴女を幸せにできていない自分をミジメに感じます。自己肯定感も下がります！

彼に嫌われたくないからとオドオドすることで、「ど本命」から転落するどころか、彼も不幸にしているのですよ！

だから「私なんて、申し訳ない」一生禁止（喝）。


貴女は彼に親切にされたときに「いいの？　うれしい、ありがとう♡」と喜ぶよりも（どうしよう、厚かましいって思われてないかな？　お返ししなきゃ）って自分のことを考えすぎなんです！

彼へのお返しは心からの「ありがとう」です！　数ヶ月この「感謝のメス力」を徹底してください。デートの後、ごめんねの回数と、ありがとうの回数をメモってもいいでしょう（ごめんねの回数にビビるで？）。

徹底して「うれしい」「ありがとう」と伝えることに意識を向けてください。

1、2ヶ月は集中して。貴女が感謝のメス力に慣れてきた頃、彼の心の傷はやっと癒えてきます。そっけなく「興味ない」と言い放つのは（だっていろいろしても、喜んでくれないじゃん……）と拗ねてしまっているから。

貴女は厚かましい女だと嫌われたくなくて「謙虚」にしていたハズが、彼のプライドをポッキリ折ってしまっていたのです。

彼が徐々にまた「〇〇する？」「〇〇しようか？」と申し出てくれるようになって、貴女が感謝のメス力を続けられてから、イベントや楽しいデートの復活です！　あせりは厳禁！

まずは彼の心を感謝の言葉で癒す！　ココを意識してお付き合いしましょうね。

あ、注意点！

感謝の言葉もオドオドしながら言うな～！　それじゃ意味ありません。

できるだけ、明るく堂々と伝えるのです！

CASE 3

男を俺様に育てちゃう、ひたすら尽くして我慢する
オドオド系クラッシャー

抜けているフリして私を使おうとする彼にモヤモヤ……。

昔は優しくて尽くしてくれてた彼、いまはズルい男なんだよね（ため息）。

「いいの、えなこは座ってて」同棲したての頃、彼はそうやって私をお客様扱いしてくれるときが多かった。「いいんだよ、無理しないで」優しい笑顔でカレーをふるまってくれて、私は洗濯物たたんだり。この人とならいいバランスで生活していけそうって安心した。「結婚前提で同棲しない？」って彼の言葉に戸惑ったけど（だって同棲よりすぐ結婚したいじゃん？）、たしかに同棲って必要かも。よくネットで見かける「旦那が何もしないでイライラします！」みたいなのとは無縁そうだしＯＫ

した。

「えなこ、お風呂入る？　俺洗うけど」「え、ありがとう！」本当に気が利く彼と巡りあえて幸せでしかない♡

って思ってたんだけどね……。

残業でクッタクタで帰ると、彼はもう寝てる。

あ〜、またたよ……。キッチンぐっちゃぐちゃのまんま！「食べると思って、残してます」ってLINEきてたけどさ、私夜遅くに食べないって知ってるクセに何？

ほらね、中途半端に炊飯器に残したご飯。お茶碗1杯分もない。自分が炊飯器洗うのイヤだからだよね？

作ってあげたって建前残せば、後片付けは私担当ってことにできるもんね（私、食べないのに！）。洗濯物も干したまんま。テーブルの上にゴミ残ったまんま。

CASE 3

男を俺様に育てちゃう、ひたすら尽くして我慢する
オドオド系クラッシャー

文句を言っても「あ〜、やるからほっといて」って平気で数日ほっとく。だから私がやらざるを得ない方向になる。そしてお礼はなし。

いわゆる君もよくいる、やってもらって当然顔する男だったんだね。ここまで豹変するなんて、見抜くの難しくない？　それとも私に問題あり？

◇ ◦ ◇

日本中で展開される、この流れ！　一緒に住んだら彼女の動力を搾取するようになる男が多すぎる〜！　共働き時代にこんなことされると、本当に気持ちが冷めてしまいますよね。

初めの頃はちょこまか動いて尽くしてくれていた彼が、「抜けてるフリ」するようになってショックを受けていませんか？

自分に都合のいいこと（家事）しかしない（最初はそんなことなかった）

面倒な家事など貴女がやるように仕向ける（率先してやってくれてたのに）

話し合いをしようとしても「気を付ける～」で変化なし（扱い軽くなった！）

生活していて３６５日、気を利かせることってたしかに難しいかもしれません。でも「俺がラクするために抜けてるフリしとこ～♪」なんてそぶりをされるようになったのであれば、もしかしたら貴女にも原因があるのかも！　気が利く男だったハズの彼が、抜けてるフリをするように豹変してしまった場合、「オドオド系クラッシャー」をしてしまった可能性がありますよ。

気が利く彼にお礼倍返しする、じつはマウント女

1　人としてお返しするのは当たり前だと思うし、むしろ倍お返しししたい！
2　相手がラクできるように、率先して環境を整えてあげたい
3　「○○やって♡」とお願いすることが苦手

気が利く男だった彼につい、

- **私もお返ししなきゃと力が入る**
- **尽くされることにどこか罪悪感がある**
- **言いたいことをうまく伝えられない**

男性に対してこういう行動を取ってしまう女性は、早かれ遅かれ男性から尽くされるどころか、搾取される方向になってしまいます。

なぜなら「尽くしがい」がないから（キッパリ）。マジでこの一言に尽きます！

男性心理

男性は尽くしたときに、「俺がしてあげたこと以上」をお返しされると、気持ちが萎えてしまう。結果として「なんかしてあげても無駄だな」とこじらせてしまう。

男性ってね、自分以上に尽くされると「マウント」と捉えてしまうのですよ！

そう、貴女がよかれと思って彼に尽くし返していたことで、男のプライドを傷つけてしまっていたのです！　なぜ尽くし返してしまうのか？

貴女は尽くされることに罪悪感があるのではありませんか？

貴女の問題点は、
・尽くされたときに罪悪感から「私も同じように返さなきゃ」と構えてしまう
・罪悪感を払拭するために彼がしてくれたこと以上のことをやってしまう

や〜ね〜。せっかく「ど本命」と付き合えたのに、愛されなくなる女の典型よ〜（辛口失礼）。

男性は惚れた女に喜んでもらいたくて気を利かせます。それを「私のほうが10倍もっと気が利きます♡」とマウント（彼目線）されたことによって、「だったらいいも〜ん（涙）俺、なんにもわかりませ〜ん」とこじらせた方向に自己防衛させてしまっているのです（はい、ど本命から転落！）。

大至急「感謝のメス力」と「尊敬のメス力」のステップを踏んでど本命に復活を果たしましょう！

ど本命復活ステップで
尽くされる女へ!

『気付きステップ』

- (自称)気が利く女をすると、彼の心を深く傷つけてしまう!

『マインドステップ』

- 尽くし返したくなるのは、本当に彼のため? 罪悪感を払拭したいため? と自問自答すること!

『行動ステップ』

- 変わってほしい部分は話し合いよりも「〇〇してほしい♡」とお願い
- 「助かる」「ありがとう」を細かい家事にも伝えること
- (あ、それ私のほうがうまいな)と思っても「上手だね♡」と相手を立てる
- 彼がしてくれたこと以上のお返しはしない
- 「気が利くよね、助かる〜」とつねに口にする

彼が尽くしてくれたとき、感謝や尊敬の気持ちより（あ、それ私のほうが得意！今度お返ししてびっくりさせちゃお♡）と自分に意識を向けていませんか？ 貴女は気が付いていないと思いますが、自称謙虚で気が利く女を装いながら、罪悪感を払拭したいだけな上に「私のことも褒めて欲しい……」という欲求が溢れてしまっているのです！

あのね、男性目線だとオドオドしてるくせにちゃっかり手柄泥棒しようとするように見えているのですよ！ じつは貴女こそがズルい女！ そのズルさによって彼を拗ねさせてしまっているのです（喝！）。

いま、彼が「俺、わかんないもん♡」モードになってしまっている貴女。**根気よく「机のゴミ、〝いま〟片付けてほしいな♡ 私洗濯物干すから」など、「私もいま〇〇するから、あなたもやって」とお願いしましょう。すると男性は断りにくいので動きます。**

そうしてあえて「ありがとう♡ 助かる」と伝えるチャンスを捏造（ねつぞう）するのですw

きっといまの彼に「ありがとう」と伝えるチャンスはあまりありませんよね。彼は貴女に尽くす気力を失ってますから。こうして小さいお願い（ポイント）をコツコツして感謝のメス力を積み重ね、彼の心を癒してください。

そして彼がしてくれた家事（なんでもいいの）に、「手際いいよね」「私よりうまくない？ｗ」と伝え、「私のほうができるからやっておくね！」という手柄泥棒を慎むのです！

彼の行動を尊重し、リスペクトしていることを伝えて尊敬のメス力を実行してください。

口で「尊敬してる」と100万回伝えても、貴女が尽くし100万倍返しをしているうちは、彼は貴女のことを「口先だけ」と見抜きますよ。

貴女が尽くされることへの罪悪感と「私も褒められたい」という自我を乗り越え、尽くされることを受け入れられた先に「ど本命復活」は叶います。

超冷静に考えてください。

貴女が本当に欲しいのは「すげ〜じゃん、ありがとう」の言葉？　それとも地球上で彼から唯一尽くされるど本命？　そこに答えはアリ！

「結局、何が言いたいの？」とか彼の言葉がキツい！

うんうんって話を聞いてくれる人だったのに、冷たすぎだよ。

「ごめんね、私うまく話せなくて……」ポロポロ涙を流す私に、「いいんだよ、俺もえりかのこと不安にさせてごめんね」と優しく頭を撫でてくれる彼。私が言葉に詰まっても「ゆっくりでいいんだよ」って急かさないで聞いてくれる。

「あのね……言葉にしようと思うと難しくて……昨日、ゆうじ君がそういうつもりで言ったんじゃないってわかってるんだけど……」言いたいことを伝えようと思

CASE 3

男を俺様に育てちゃう、ひたすら尽くして我慢するオドオド系クラッシャー

うと、喉の奥がギュッて苦しくなって、どうしてもうまく話せない。話さなきゃって思うほど、涙が止まらなくなっちゃう。友人から「泣けばいいと思ってるん?」って見下した目で言われたのがトラウマになってる。

そんな私のことあたたかく見守ってくれる彼が大好き。

弱くて抱え込みがちな私がずっと一緒にいるならこういう人だって、思ってたんだけど……。

「あのね…… こないだのことだけど、終電までには帰るって言ってたのに……」

ああどうしよう、涙が出てくる……。「あ〜、後輩が駅で吐いちゃって、終電逃したんだよね、話さなかった?」

違う、責めてるんじゃない。「終電までに帰ってくるって言ったのに、遅かったね」ってこないだ言ったの、嫌味だと思われてるとイヤだから謝りたいだけ!

なのにうまく言葉が……。

「違うの」「俺が約束破ったたって言いたいワケ?」「……(違う)」「は〜(特大ため息)。あのさ、いちいち泣かれたら話にならないんだけど? マジさ、どうにかならな

いの？　それ」

あきれ果てたような目で私のことを見る彼。責めたいワケじゃない。もう少し、ゆっくり話を聞いて！　イライラされると涙が止まらないよ。

「結局、何が言いたいの？　てか、そんなんじゃ結婚してもやってけないと思うわ」

最悪……。好きで泣いてるワケじゃないのに！

◇◦◇

最初は優しかった男が、同じこと繰り返すと冷たくなるのあるある～！

口下手でうまく話せない女性、泣いてしまう女性はありがちなヤツ！

ゆっくり話を聞いてくれていた彼が「結論は？」「結局、何？」と突き放す男に豹変してしまい、貴女は困惑してはいませんか？

うまく伝えられない様子に彼がイラついている（ゆっくりでいいよだったのに）
泣くとため息をつかれる（大丈夫？　と頭を撫でてくれてたのに）
「結局○○ってことでしょ」と話を勝手にまとめられる（話を聞いてくれてたのに）

CASE 3

男を俺様に育てちゃう、ひたすら尽くして我慢する
オドオド系クラッシャー

そりゃお付き合いしたての頃の男性は特別優しいです（ど本命は特に）。徐々に馴(な)れ合う関係になるとはいえ、貴女が「ど本命」のままなら、イラつくことなく話をちゃんと聞いてくれるハズなのですよね。

もし、話を聞いてくれなくなったり、泣いてる姿にイラつかれるようになったのであれば、「オドオド系クラッシャー」が原因かもしれません！　彼にこんなことをやらかしてはいませんか？

情と涙でモゴモゴしてしまう女

1　言わなきゃいけないことをどこから話せばいいのか？　わからなくなる
2　伝えようとすると涙が出てきちゃう
3　泣きながら「ごめんね」と言ってしまう
4　何か起きたとき、その場で伝えることができず「あの時ね」の後出しをしがち

彼に自分の意見を伝えようとするとつい、

・嫌われずに伝えるのはどうしたらいいか？　考えすぎ

・彼を傷つけないように伝えるにはどうしたらいいか？　考えすぎ

・なので感情をその場で言語化できず我慢してしまう

貴女に悪気がなくとも、こうやってモゴモゴしながら泣いていると、男性が冷たい男に豹変してしまうのです！

なぜなら貴女をいじめているように感じたり、責められているように感じてしまうから！

男性心理

男性はモゴモゴし、ハッキリ要点を話してくれない相手に「俺は信頼されていない」と感じてしまう。そして毎回泣かれると「また責められてる」とウンザリしてしまう。

CASE 3

男を俺様に育てちゃう、ひたすら尽くして我慢する
オドオド系クラッシャー

男性は惚れた女の笑顔をエネルギーに生きています。頻繁に「うまく話せなくてごめんね（涙）」と泣かれてしまうと、「彼女を笑顔にできない自分」に苛立ちを覚えてしまうのです（そして彼女にも冷たくしちゃうのやな）。

貴女が向き合うべきところは、

・ハッキリ伝えると相手を傷つけ、嫌われるという被害妄想
・その妄想がふくらむと、パニックになり言いたいことがまとまらず、泣いてしまう

ここなのですよね。これ、じつは多くの女性が悩んでいます。彼に嫌われたくない！　この強烈な思いを乗り越えて、「自立のメス力」「尊敬のメス力」のステップを踏んで、ど本命に復活しましょう！

本命復活ステップで
伝えられる女へ!

『気付きステップ』

- 傷つけたくない、嫌われたくない、と言葉を選ぶと、彼は貴女に信頼されていないと失望する! と気付く

『マインドステップ』

- うまく言えない! とパニックになりそうになったら、「遠回しに伝えるとかえって彼を傷つけるよ!」と冷静になること!

『行動ステップ』

- 言いたいことを箇条書きにする。ポイントは感情(私は○○と思った悲しかった)を乗せずに事実だけ書き出す
- 「うまく話せないからメモ読ませてね」と伝える
- 「感情が高まると涙が勝手に出るの、責めてるワケじゃないよ」と伝える。涙が出たら外の空気を吸って仕切り直す
- 彼が聞いてくれたら「ゆっくり聞いてくれてありがとう、落ち着いた」と伝える
- 話が終わったらハグしてもらう「○○君って落ち着く♡」

このステップを繰り返していくと、「その場で彼に言いたいことを端的に伝える」ことができるようになります。彼といい関係（ど本命）を築く上で、これは大切なスキルです！

いまの貴女はバイバイしてから「ああ言えばよかった」「あれはモヤモヤした」と思い浮かんでくるのですよね。**それを箇条書きにしてまとめましょう。自分の感情をまとめて、ごちゃごちゃなままぶつけないのは**自立のメスカ**です。**

その上でのポイントですが、たとえば「終電を逃して心配していた」というできごとがあったとします。彼にちゃんと響く伝え方は「先週、終電終わってから帰ってこなくて心配したよ！　心配だから1本LINE欲しいな！　そしたら私眠れるからさ」というような、**①事実　②短く感情　③お願いごと　④私が助かる**　といった感じです。

ダメなパターンは「先週さ、終電で帰ってくるって話してたのに、どうしたの？　私。不安で心配で眠れなくて……（涙）せめて1本LINEくれたら安心して眠れるよ……忙しいのはわかるけど……（涙）こんなこと言ってごめん（涙）」**①事実を責める口調　②こんなにかわいそうな私　③LINEについて責める　④ごめん**

で締める　こんなパターンです。これでは彼は自分が疑われ、責められ、ひとつも信頼してもらえていないんだなと感じてしまいます。

箇条書きで①事実　②短く感情　③お願いごと　④私が助かる　をまとめる習慣をつけて、涙が出そうになったら明確に「あなたを責めてるワケじゃない」と伝えましょう。彼の胸は罪悪感で押し潰されそうなのですから。

そして外の空気を吸ったり、仕切り直したりして、時間をかけても彼に『端的に』話をしてください。彼が辛抱強く聞いてくれたら、感謝の気持ちを伝え、ハグを求めてください。これは尊敬のメスカ＝**「忍耐強く私のこと受け入れてくれて器がデカい男」と伝えたことになるのですよ**（**器がデカいは男の大好物やw**）。

このステップ、時間はかかりますが、必ず彼の心に優しさが芽吹いてきます。繊細だけど健気。それが貴女の魅力なのです。「嫌われたらどうしよう」をステップで乗り越えていきましょうね！

CASE 3

男を俺様に育てちゃう、ひたすら尽くして我慢する
オドオド系クラッシャー

彼が会社の女と親密に！　助けて～！

どうして？　あんなに仲良かったのに、他の女に惹かれてる……？

「えみは一緒にいて本当に落ち着くよ♡」「……♡　はい、これ」「え？　マジで俺の好きな日本酒じゃん！」「最近、仕事大変だったでしょ？　お家でまったりこれ飲も♡」彼の感激してるうれしそうな顔♡　婚活3年にして、やっと巡りあえた人なんだよね。最初からお互い気を使わないし、ラク。

彼も忙しい中でたくさん時間を作ってくれて、外に出かける気力がないときは、二人で一緒にネトフリ見てるだけで幸せ。

「そろそろ寝る？」「う〜ん……」日本酒で顔赤くしてる彼もかわいい♡　「もう寝ちゃうの？　えみ」「ん？　あ、こらＨ♡」彼ってば、アッチのほうも欲すごくてｗ　お泊まり中２、３回は求めてくるｗ　でもそれもうれしい。独りよがりなＨじゃなくて、ちゃんと私のことも気持ちよくしようとしてくれるから……♡

一緒に仲良く住む姿が想像できる。「結婚」の２文字も付き合う前から出てたし、これはトントン拍子パターンかな？　と思ってたのに……。

「おかえり」「は〜、疲れた〜」最近、土曜も仕事の彼の家で待つことが多い私。「夕飯は？　一応、簡単なもの作れるよ？」「あ〜、食べてきちゃった」え？　嘘でしょ？　私待ってたのに食べてきたの？　ていうか、ゆうたさん飲んでるな……。

「そっか……」「先シャワー浴びるわ」

本当に、出来心だった。彼のＬＩＮＥを見ちゃったこと。

CASE 3

男を俺様に育てちゃう、ひたすら尽くして我慢する
オドオド系クラッシャー

「斎藤くん今日はご馳走さま♡　最近仕事ヤバかったからストレス発散お付き合いありがと〜！　ちゃんと彼女さんが待ってる家に帰らなきゃダメだぞ〜w」

は？　何これ？　私が待ってるのに、仕事の女とご飯行ってたの?!
ていうか、何この上から目線……。彼はスタンプで終了してるけど……。
やましいやりとりはないけど……！　**何これ〜！**

◇

昔だったら、仕事終わりに尻尾ブンブン！　な感じで、私の元にすっ飛んできてくれていた彼。やましくなくても他を優先されると悲し〜（泣&怒）。
貴女に会うことを楽しみにしてくれていた彼から優先順位を下げられてしまって、パニックにおちいってはいませんか？

私より他の女を優先した（昔は絶対オンリーワンだったのに！）
お家で待たされることが増えた（前は時間作ってくれたのに）
デートや食事に作業感を感じる（昔はご褒美扱いだったのに！）

そりゃね、人間関係って大人になればいろいろありますわ。仕事関係、地元関係、同級生関係。飲みや食事の場に女性がいることだってあるでしょう。でも問題は、「最近私といても楽しそうじゃない！　むしろ他の人を優先した！」とき。貴女へ対する〝俺のご褒美彼女感〟が消えてしまった場合、もしかしたら貴女の「オドオド系クラッシャー」が原因かもしれませんよ！

先回りして尽くす女

1　多忙な彼の負担を軽減させたくて、家事をする
2　むしろ自分から「お家デートがいいんじゃない」と提案する
3　テキパキと料理や酒のアテを作る（お酒もあるよ♡）
4　流れで連泊
5　彼が月曜から気持ちを整えられるように片付けをして帰宅する

CASE 3

男を俺様に育てちゃう、ひたすら尽くして我慢する
オドオド系クラッシャー

彼と過ごすときに、

・彼をラクさせてあげたいと先回りしすぎ
・彼にラクさせる提案しすぎ

最初は彼も喜ぶことでしょうが、これを続けるうちに「俺のご褒美彼女（ど本命）」扱いされなくなってしまいます！

なぜなら、男は努力しなくても手に入るものを「ご褒美」だとは思わないからです（グ◯コのおまけや）！

男性心理

男性は先回りしてラクさせてくれる女性を重宝がるが、それはオカンに向けるような感情と同じ。自分の手で幸せにできるお宝を探し求めてしまう。

男性は尽くされると恋愛感情から、家族愛（肉親）に変化しちゃいます。なので、刺激的な女性（甘え上手）を見るとついフラフラなんてことも！　そもそも先回り

して尽くしてしまう女性は、自信のなさを「尽くす」行為によって、埋めようとしているのですよ（裏目に出てるがな……）。

貴女が変えるべきところは、
・彼に自分といるメリットを「尽くす」行為で提示してるつもり
・不安になると、彼のために動いて満足を得ようとしちゃう

これですよ！　貴女は「彼のためを思って」尽くしているつもりでしょうけれど、じつは「自分の不安解消のために動いている」だけ！　しかもその結果、彼から恋愛感情（ど本命）を取り上げてるわけですから、マジで尽くす意味ありませんよ！
どうしても不安に駆られて尽くしてしまう「オドオド系クラッシャー」を直すために、「感謝のメスカ」のステップを踏んでいきましょう！

ど本命復活ステップで
ご褒美女へ!

『気付きステップ』

- 尽くすのは愛を失うことへの恐怖心を打ち消すため! でも逆効果だったと悟る

『マインドステップ』

- 尽くしたくなったら「これ、彼のご褒美彼女からオカンになるよ」と自分に問いかけること!

『行動ステップ』

- 結婚してもない男の生活に介入しない!(家事、掃除)
- 彼の家で待たない! 「遅くなるなら、明日待ち合わせしよ」と自分の生活を優先
- 「前連れていってくれた◯◯にまた行きたい」とおねだりする(ここは低価格)
- 連れていってくれたら「やっぱりおいしい」とニコニコ喜ぶ
- 翌週も「おいしかったね」と思い出しながら褒める

世の中の全女性に告ぐ！　プロポーズもしてくれない男の家の家事なんかするな！（怒）　家事してHしてバイバイして！　宅配サービスみたいなことはやめなさい！　貴女はご褒美彼女（ど本命）に復活したいのでしょうが！（喝）

つい、熱くなりましたが**まずはお外でデートする習慣を復活させてください。彼は貴女の喜ぶ顔を週末見るために頑張ってきたハズ（ご褒美）。その感覚を感謝のメス力を使って、再度彼にインストールするのです！**

いまの彼は貴女にお金を使うことを渋るかもしれません（割り勘でも）。だって、家にいるだけで、ご飯作ってくれてHまでさせてくれる女をやっていたのですから（辛口ごめんな）。

なので初めは低価格のお店をリクエストして、①お店で美味しいと喜ぶ　②後日また喜ぶ（あと褒め）と感謝のメス力を二段階にして、彼に貴女の喜ぶ姿を刷り込んでいくのです！

尽くし体質、すなわち「尽くすというメリットを提示しないと、愛されなくなるかも（涙）」というオドオド系クラッシャーは金輪際、断ち切ってください！

せっかく「ど本命」と巡りあえたとしても、貴女が尽くす限り彼の気持ちは必ず「オカン」に向けるソレになってしまいます。そして、「私に◯◯教えて欲しいです〜」「ストレス解消付き合ってよw」なんてヌケヌケとワガママを申す女に隙を与えてしまうだけ（男はちょっと手間のかかる女にハマるんや……貴女とは真逆の）。

「でも、心変わりする男が悪くない？　私はこんなに尽くしてきたのに！」

きっといままで裏切られてたくさん辛い思いをしてきましたよね。

けれど男性を責めるだけでは、貴女の未来は変わりません。「愛を失いたくなくて尽くす」その自分の弱さにここできちんと立ち向かって！

大丈夫、私の元には「尽くす女だったんですけど、やめたらど本命に戻りました」「尽くしてるときは恋愛で悲しい思いばかりしてました。いまは尽くされて幸せですw」こういうメッセージがたくさん届いています。

尽くすことで男にメリットを与えようとしないで。

信じて、彼にとって「貴女の存在がご褒美」なんですから。

気がついたらいつも彼の意見が優先されてる……。

二人で決めてたこと。最近は彼の意見が勝手に通ってる……。

「来週の予定どうしようか？」「来週は金曜結構忙しくて、土曜はゆっくりしたいかも。サトルは？」「そしたら土曜の昼車で迎えに行くわ。ドライブしてからメシ行く？」「あ、助かる！」「じゃ、映画は再来週がいい？」

いままで付き合った人は直前にならないと予定を決めてくれない人で。しかも土曜になってから「いま起きた〜。今日会う？」とか本当にギリギリにならないと会えるかも未定でストレス溜まってた。サトルは違う。ちゃんと私と会おうって気持ちがあって、先の予定まで一緒に話し合って立ててくれる。

これって私からするとすごい安心感なんだよね。先々まで一緒に過ごしてくれるんだなって思ってた。


最近のサトルは違う。私のことなんてお構いなしに勝手に予定を立てる。

「土曜だけど、裕太たちと4人で出かけるから」「え？　裕太くんと奈々子ちゃん？」「そう、アイススケートに行く予定」

うわぁ、奈々子ちゃんちょっと苦手なんだよね……。私とタイプが違うし、本音で話してない感じして気を使っちゃう！


「……」「どうした？」「ん〜、なんでもない。いや、一言相談欲しかったなって思って……」「なんで？」「今月、繁忙期だって話したじゃん？」「話したっけ？」「話したよ。週末はゆっくり過ごしたかったなって……」「スケートじゃないほうがいい？　あ、そういえば映画も見たいって言ってたな〜、裕太」

そういうことじゃないんだよね。まず第一に私に確認してほしいだけ。ここのところ、「今日、俺の親も焼肉来るから」とか急な展開が多すぎなんだよね。

私、人と会うのに気持ち作らないといけないから疲れちゃうのに。勝手に予定とか、先のこととか自分のことばっかり優先して決めてほしくない……。

なんでも自分中心に予定立てられても困る〜！　しかもだいたい「俺の周りの人間」が突如登場する展開w

昔は二人で過ごす時間や「先のこと」についてすり合わせてくれていた彼が、自分の都合だけ押し進めてくるようになって、貴女は困ってはいませんか？

休みの予定を勝手に決める（昔は相談してくれたのに）

突然、親を呼んだり、友達を呼ぶ（事前に相談だったのに！）

困っていても「もう決めたから」と譲ってくれない（意見聞いてくれたのに）

CASE 3

男を俺様に育てちゃう、ひたすら尽くして我慢する
オドオド系クラッシャー

ある程度お互いの生活が読めるようになったら、「このタイミングならこれしても大丈夫かな？」と相談なく、進めることもあるかもしれません。

でもこのタイプの男性は、この辺で手を打っておかないととんでもないことになります。結婚のタイミングや、子供を持つタイミングの主導権を彼がガッチリ握ってしまうことになるのです！

昔はすり合わせできていたのに、できなくなってしまった原因のほとんどが「オドオド系クラッシャー」ですよ！　心当たりはありませんか？

なんでもOKしてしまう、流されやすい女

1　**本当は一日家に居たいけど「ドライブ？　いいよ」と合わせちゃう**
2　**急な展開が苦手とうまく伝えられずにOKしちゃう**
3　**人に会ったとき気を使ってニコニコする（なので楽しんでると誤解される）**

彼と長く過ごしているうちに、

・許容範囲が広くなっちゃう
・私が我慢したらいいし、と無理を重ねる

相手の都合に合わせてしまうことが当たり前化しちゃっていると、彼は貴女の都合を確認しなくなってしまい、自分や自分の周りの人の意見を優先するようになっちゃうのです！

なぜなら、彼はまったく悪気なく、貴女が楽しんでいると思い込んでいるからですw

男性心理

男性は気持ちを察せられない。なので彼女が内心（ヤダな）と思っていても「いいよ」と合わせている以上、気が付かない！　むしろ「俺が主導権握ったほうがうまくいくな」と盛大に勘違いをする！

男性は、貴女がイヤなら、イヤ。ＯＫならＯＫとハッキリ伝えられないと、俺の解釈で話を進めてしまいます（俺に都合のいい解釈なｗ）。その結果、優しくすり合わせをしてくれていたのに、「俺が決めたほうが、貴女も結果的に楽しんでるでしょ」と謎の亭主関白モードに入ってしまうこともあるのです（上下関係ができて、ど本命から転落や！）。

貴女が変えるべきところは、

・だいたいのことは相手に合わせる、意見するのが苦手だから
・ちょっと待って！　と思ったことがあっても伝えられない

このあたりです。そもそも自分の意見を伝えることが苦手で、どうしてもオドオドしてしまうのですよね。だからつい「いいよ～」と無理をして、相手を付け上がらせてしまうのです。先ほどもお伝えしましたが「オドオド系クラッシャー」を直しておかないと、結婚してから夫の言いなりにさせられてどえらい苦労をすることになります！　ここらで一発、「感謝のメスカ」「尊敬のメスカ」のステップで主導権を取り戻しておきましょう！

ど本命復活ステップで
丁寧に扱いたくなる女へ！

『気付きステップ』

- 意見する＝傷つける。これは誤解だと悟る

『マインドステップ』

- 自分の意見を伝えると「勘違い亭主関白」から彼を救い出せる!

『行動ステップ』

- 彼が勝手に予定決めたら「言いにくいんだけど聞いてくれる?」と切り出す
- その日はゆっくりしたい、日を改めてほしいとお願いする
- 彼がOKしたら「私の意見を受け入れてくれてありがとう」

CASE 3

男を俺様に育てちゃう、ひたすら尽くして我慢する
オドオド系クラッシャー

男性に意見を伝えるのはたったこれだけ〜！　なのに貴女が勝手に「彼の友達（家族）否定するみたい」「彼を傷つけてしまう、私嫌われるかも」と我慢して苦しんでいただけなのですよ！

勝手に友人や家族を巻き込んで予定を立てられると、言いにくいですよね。でもここで我慢したら、ぜ〜ったい結婚後苦労します（勝手に同居話進めるで？）。

貴女は、気持ちを整えないと人に会えないことや、ちゃんと打診しないと戸惑うことを叩き込んでおくのです！　でもね「相談してくれないなんて……（泣）」なんて涙でうったえるやり方、メス力ではありません（ニヤリ）。

「あなたの友達（家族）が嫌いとかじゃなくて、ちゃんと気持ち作らないと、人に会えないの」「あなたには心を最大限許してる。だから基本、土日は〝二人で〟過ごしたいの。それが楽しみ」「でもちゃんと事前に相談してくれたら、私も頑張るね♡」「難しい子でごめんね、でも理解してくれてありがと♡」

あくまで謙虚に。彼の仲間を否定せず、私が難しい子なの（うるうる）と伝えて、「**そ**

んな私を理解してくれるあなた、器大きい♡」と尊敬のメス力で男のプライドをかき立てるのです！（あえての〝子〟なのや！　守りたい女と刷り込むときのメス力はw）。

この伝え方であれば、彼は自分の提案を否定された！　仲間を拒絶された！　となりません。「そうだよな〜、君は本当に繊細な子！　俺しか理解してあげられないし、あんまり無理させられんなぁ」と感じます。

繊細な子が「私を理解してくれてありがと」「事前に聞いてくれてありがと」「私は◯◯のほうがいいの」と慕ってくれると、貴女のことを守りたくなり、**意見を尊重してあげなきゃと紳士モードに突入します**（感謝のメス力でど本命復活や！）。

意見を伝えるのを恐れていると、男性を謎の亭主関白化させ、ど本命から転落してしまいます。**繊細でか弱い子をときに演じて、「了解、君がそう言うならそうしようか！」と彼に決断を促す。これが女性ならではの主導権の握り方なんです。**

大声で主張するのが意見じゃないぜ、お嬢さん。したたかにいきましょうなw

オドオド女は「俺様育成」クラッシャー

男性は自分の意見を嫌味なく伝えられる女性が好きです。モジモジオドオドウジウジされてしまうと、何が言いたいのかさっぱりわからないし（察せられない）、遠回しに言われると、信頼されていないようでイライラしてしまうのです。その結果、彼女に優しくする気力が萎えてしまい、俺様な一面がぐんぐん育ってしまいます。

ちゃんと「私は○○だとうれしいな」「○○してくれると助かるな♡」と意見を伝えてください。意見を伝えないということは、彼に貴女を幸せにするチャンスを与えないということ。何度もお伝えしますが、男性は彼女の喜ぶ顔や、幸せにしたときの手応えを求めているのです！

貴女が彼を信頼して自分の意見を伝えないということは、彼を不幸にしているということでもあると気がついてくださいね。愛を失うことを恐れて、オドオド震えていなさんな。彼の胸に思い切って飛び込んで「ど本命の炎」を再着火するのです！

COLUMN

こんな暴言男には
メス力を使うな

男性も人なのでうっかり失礼なことを言ってしまうこともあります。

そういう場合ではなく、こういう暴言を吐く男性はおクズ様、そもそも貴女は「ど本命」ではないハズ。お見切りしてください!

・「俺の母親はこれくらいできたけど」と母親と比較するマザコン男
・「元カノのほうが」と比較する未練タランティーノ
・「俺と同じ収入になってから物申して?」など収入にマウント取る男
・貴女が不得意な面を晒してくる(マジ掃除下手すぎ!)
・人前で貶してくる男(この子マジで〇〇できなくてw)
・貴女の見た目についてケチつけてくる(ブス、デブ、貧乳、ババア、肌汚ねぇ、太ってるね、はNG)
・仕事、趣味、交友関係を変えさせようとする
・「もっと〇〇になってくれたら結婚してもいいけど」と条件をつけてくる
・以上の言動に対して、真剣に抗議しても繰り返す

CASE 4

男を逃げ出したくさせちゃう、
喜怒哀楽＆妄想激しめの
感情暴走系クラッシャー

『恋愛はね、素直でナンボのモンよ！』とひとりよがりの感情暴走女

喜怒哀楽がハッキリしている。そのうちの「怒り」の原因に相当「妄想」が含まれてしまっているタイプ。考えなしに彼にキツイ言葉を浴びせてしまったり、ヒステリックに叫んだり泣いたりして、男性を疲れさせ、関係から逃げ出したくさせてしまう。

CASE 4

男心をクラッシュしてしまう5パターン

結婚への思いを止められない
自分の希望を推し進めようとするあまり、
相手のことを考えたふるまいがいっさいできない。

彼以上に甘い蜜をぶっかける
好きなら好きとどんどん伝えるべきだし、
彼から愛を伝えられないとすぐ不安になる。

「私の男は誰にも渡さない」と仮想敵に嫉妬する
彼の周囲の女をライバル視し、疑いの言葉を投げ、
シロだと確認せずにはいられない。

思い浮かんだら即行動に移しちゃう
彼に対抗意識を燃やし、
なにか指摘されても否定されたようでムカついてしまう。

不安な感情をぶつけまくる
現彼と元彼を同一視して不安になり、
繰り返しヒステリックになってしまう。

「素直なところが好きだよ」とハマられていたのに、
「俺、疲れた（涙）」と萎れさせ、ど本命から転落！
男が逃げ出したくなる感情暴走系クラッシャーが、
ど本命復活するためのステップをお届けします！

結婚前提、撤回されてる感！なんで～?!

この流れ、どう考えても運命だったのに！結婚の話進まない！

「リリ子～♡　今度友達とBBQあるから紹介するよ」「え～？　まだ付き合ったばっかりなのに友達びっくりしな～い？ｗ」「するかもｗ　でも大丈夫だよ」「元カノさんも仲良くしてた友達じゃないの？」「そんなの昔のこと！　みんないまの俺の顔見たらビビるかもなｗ」「どういうこと？」「え？　だらしないくらいデレデレじゃん、俺ｗ」

CASE 4

男を逃げ出したくさせちゃう、喜怒哀楽＆妄想激しめの
感情暴走系クラッシャー

出会ってすぐに意気投合。本当、あっという間に惹かれ合ってトントン拍子で、交際♡　聞けばマサフミ、こんなに本気になった彼女は初めてだって♡

それからすぐに、お互いの自宅に招待して、友達も紹介して。結婚前提ってこういうふうに運命の流れに運ばれるのかも？　って感じ！

だったんだけど……。一年半、プロポーズの気配なし。お互い30代なのに。

「ね〜、マサ。うちの親がいつ入籍するのってしつこいんだけど〜。どう考えてるの？」「あ〜、ね」「いや、『ね』じゃなくて！」「だから言ったけど、俺いま仕事がヤバいんだって」「それはそうかもしれないけど、私、もう妊娠できなくなるかもしれないよ？」「まだ31だろ？　焦りすぎっしょ……」「は〜？　だって30代になったら、卵子凍結するって人も周りに増えてるくらいなんだよ?!」「周りって誰よ……（ため息）」「いいよ、する気ないなら私、婚活するから！」「は〜（ため息）」

私、だまされてるんじゃね？　最初だけ情熱的で、セックスしまくって飽きた

ら結婚渋り出すパターン。きっとコイツ、私のことキープしてるんだ。また新しくやらせてくれる女と出会うまで。**マジムカつく！**

どうやったらまた追われる女になれるワケ（怒）！

◇

絶対運命って確信してた付き合いからの、転落……。さびしすぎる、悲しすぎる～（涙）。

貴女は運命を感じるくらい惹かれ合っていた彼が、こんなふうに熱量を露骨に下げてきてパニックになってはいませんか？


結婚の話を避けるようになった（前は向こうが乗り気だったのに！）

親きょうだい、友人と会わせてくれなくなった（前は誘ってくれてたのに！）

ため息をつかれたり、あきれた顔で見られる（愛溢れる瞳はどこへ？）


皆さま、たしかにね、男性って付き合いたての頃はそりゃ熱烈なモノですよ。あ

CASE 4

男を逃げ出したくさせちゃう、喜怒哀楽＆妄想激しめの
感情暴走系クラッシャー

れを60年続行しろだなんて、不可能な話。それにしたって、結婚話に対して露骨に彼がブレーキをかけてくるようになった場合、もしかしたら貴女が「感情暴走系クラッシャー」をやらかしすぎているのかもしれませんよ！

結婚への思いを止められない暴走女！

1 「いつ結婚するの？」このひとことをたびたび口に出してしまう
2 「子供が欲しい」と彼をせっついてしまう
3 「子供作っちゃう？」と彼をそそのかす
4 結婚や妊娠話に乗ってくれないと「私のこと遊びなんでしょ」とキレる
5 ほかに男を作ることをほのめかす

彼に対してつねに、
・**結婚！　赤ちゃん！　と急かしすぎ**
・**思い通りの反応じゃないと、脅しをかける**

こんなふうに彼に対してプレッシャーをかけてしまう女は、彼から追われるどころか「結婚は早まらないほうがいいかも……」とブレーキを踏まれてしまうのです！

なぜなら自分の欲望をコントロールできない貴女が恐ろしいから！

男性心理

男性は何かを急かされるとやる気をなくす。ましてや急かしてきた上に、脅しまでかけてくる人間といると、「俺の人生、ずっとコントロールしてきそう」とおっかなくて、全力でブレーキを踏んでしまう。

彼女が結婚コールをすればするほど、「**これは〝俺自身〟がした決断じゃないぞ？ これでいいのか？ 〝男として〟**」と**溢れんばかりだった愛情をストップさせ、冷静にじ〜〜〜っくりと考えようとするのです！**（すなわち、ど本命から転落ちゅ〜ことやで？）。

CASE 4

男を逃げ出したくさせちゃう、喜怒哀楽＆妄想激しめの
感情暴走系クラッシャー

貴女が気付くべきところは、
・**自分の希望を押し進めようとしすぎ**
・**相手をやる気にさせるふるまい方がいっさいできない**

コレなんですよ。頭の中が「結婚！」となってしまったら、もうそのことしかない。そして言わずにはいられないのですよね。貴女がしていること、彼にはこう見えています。「リリ子！ 貴女は中学受験しなきゃダメなの！ いますぐわかりましたって言わないと、ママ許しませんから（怒）！」

うるせ～（怒）ていうか、アンタの自慢の娘にするための道具じゃね～し。

そう、「結婚！」と連呼するほど、男性は道具扱いされているようで萎えます。

ここから「ど本命復活」をするために「**謝罪のメスカ**」と「**感謝のメスカ**」「**自立のメスカ**」のステップを踏んでいきましょう。

ど本命復活ステップで
隣で過ごしたい、いい女へ!

『気付きステップ』

- プレッシャーをかけることは、相手を道具扱いしていると悟る

『マインドステップ』

- 男をその気にさせるには、急かすより惚れられることが重要!

『行動ステップ』

- 「最近、結婚に焦りすぎてた。ごめんね」と謝る
- 「結婚も大事、でも一緒にいられることが幸せ」と伝える
- ちょっとしたことにも「ありがとう」を欠かさない
- 彼と過ごす時間を減らし、自分の時間を大切にする
- 会ってるときは感謝と笑顔を欠かさない
- 願望を口走りそうになったら「マインド」を思い出す!

まずは結婚に焦って、急かしてしまっていたことを素直に謝りましょう。**自分の願望を押し付けて、急かしてしまうこと自体が失礼で思いやりのない行動なんです。**その気じゃないときに男性に「早くHしよ？　なんで？　疲れてる？　俺とやりたくないワケ？」なんてせっつかれたら、道具扱いされているようで悲しいじゃないですか。それと同じこと！　まずは素直に謝罪のメス力です。

そして彼に「あなたといることが幸せ」と伝えて、プレッシャーから解放してあげてください（彼からの「今日、生理？　全然問題ないよ？　ゆっくり過ごそう」と同じや、カラダ目的じゃないんだと安心するべ？）。

感情暴走系クラッシャーの方は自分の根底に「ど本命ジャッジ精神」が流れてしまっています。だから思い通りにいかないとイライラして「他の女」「遊び目的」と勝手に被害妄想し、「私も男作る！」「婚活して見返す！」と行動まで暴走させます。

それを食い止めるには、**彼がしてくれている些細なことまでありがとうを伝える部分がないかをチェックして、すかさず感謝のメス力を実行し続けること！**　「こ

んなにありがとうな部分があるのに、『私のこと遊びだ！』とかまた暴走してたわ」と気が付くキッカケになります。

ここまでが彼に眠っているど本命の種に水をあげている状態です。芽吹かせるために自立のメス力に移行します。

「結婚！　私のこと愛してる?!」となって、つねに一緒に過ごそうとしてきたことでしょう。**ちゃんと自分の世界を取り戻して、ご機嫌に過ごしてください。**

最近充実している彼女……。会えば、感謝の言葉をたくさんくれて、昔みたいに結婚をせっついてこなくなった。「ちょっとさびしいな、いい女になったし、心配！」こう思わせてくださいね。きっと彼は昔のようにメロメロ「ど本命」に復活しますよ！

プロポーズはその先の話。焦らずに、堂々と「ど本命復活ステップ」を実行してくださいね。

CASE 4

男を逃げ出したくさせちゃう、喜怒哀楽＆妄想激しめの感情暴走系クラッシャー

前みたいに「好き」って言ってくれない！さびしい……。

前は愛してるとかバンバン言ってくれたのに、最近めっきりで……

彼はもう見るからに私にベタ惚れｗ　デレッデレな顔をして私の横顔をじーっと見てる。かと思うと「大好き」「かわいい……」「愛してるよ〜♡」ってうるさいくらいｗ

「え〜ｗ　じゃ私のどこが好き？」「全部、ぜ〜んぶ♡」「全部じゃわかんないってｗ　どこ？」「ん〜、髪がサラサラでいい匂いして（クンクン）、お肌ももちもちで、笑った顔もかわいくて…… もちもちのお尻でしょｗ　あと優しいところ？」「ヤダ

〜！　お尻大きいの気にしてるんだけど！」「なんで（真顔）、それが最高なんだよ（ガチ真顔）」「胸、小さいし……」「問題なし！　……しよっか?!」「も〜、しな〜いｗ　どんだけ性欲あんのｗ　すけべすぎ、あ、や〜だ♡」


まさに、馬鹿カップル。一日中、好きだの愛してるだのイチャイチャして、Hして……。いい大人になって青春みたいな恋愛ができるとは思ってなかった。

なんの不安もない恋愛、ど本命に私がなれるなんて……。

でも最近は前みたいに「好きだよ」とか言ってくれない……。

「ねぇ陽君、私のこと好き？」「うん、好き」「どこが？」「全部だよ」

なんか違うんだよな〜。言ってることは一緒。でも私のほうから、「どこが好き？」ってまとわりついてるだけって感じで……。

「ね〜、好き♡」「うん、俺も」


きっと彼に愛されてはいる。優しいし。でもなんていうのかな〜。彼のほうから

CASE 4

男を逃げ出したくさせちゃう、喜怒哀楽&妄想激しめの感情暴走系クラッシャー

昔みたいな自発的な「好きだよ」が欲しいんだよね。私に答えてくれるだけじゃ満たされない……。もっと追いかけて欲しい、ゲームばっかりしてないで……。

「本当に好き？」「ちょ待って、いまいいところ！」

さびしい……。あ〜チヤホヤされた〜い！

◇◦◇

はいはいはいはいはい、付き合いたての頃の、甘い蜜ぶっかけたような「好きだよぉ〜♡」がなくなると、女はテンションガタ落ちするヤツですね〜（わかるw）。

デレッデレ120％ハニーバタータイプだった彼が、さっぱり甘酸っぱいハニーレモン君になってしまって、貴女はさびしい思いをしていませんか？　こんなふうに。

愛してるって彼から言ってくれない（昔は毎日言われてた）
イチャイチャよりもゲームとかYouTubeに夢中（昔は私に夢中）
「好きだよ」って言わせられている感（昔は溢れ出てたよね？）

そりゃそうよ（何が？）。どんな男性だって、最初の頃はドロッドロの蜜まみれみたいに甘〜いモノ（ど本命は特に！）。それからややさっぱりめになってしまうのは、人間当たり前のこと。それでも継続して「優しい」、これが男の本気度ってヤツ。でもそれにしたって、「好き？」と聞いたときになんとなく「好きだよ（って答えとくのが正解）」って感じが出てしまっている場合、貴女が「感情暴走系クラッシャー」をしてしまっているのかも！ 振り返ってみてください。

彼以上に甘い蜜をぶっかけるドロドロ女

1 「私のこと好き？ どこが好き？」としつこい（5つはあげて！「全部」はダメ！）
2 「好きだよ」と隙あらば言う
3 それは彼の「好きだよ」を引き出したいから
4 好き、愛してるLINEを送りまくる（俺もだよ待ち）

彼と過ごしているときに

- **甘い言葉を言いすぎ**
- **甘い言葉や行動を求めすぎ**

こんなふうに彼女から接されると、甘々だったテンションが落ち着いてしまうのです！

何故なら「俺が追いかけたい女」から「俺にまとわりついて愛を欲してくる女」になってしまっているから！

男性心理

男性は女性のほうが愛情のテンションが高いと感じると、冷静になる。もう手に入った感も得られるし、むしろ「好きって言わないといけないな」とうっすら義務感すら覚えてしまうようになる。

男性は「俺のほうが好き♡」という感覚があるときに恋心が募ります。女性のほうから「好き？　愛してる？」と確認されると、その感覚が消えてしまうのです！

貴女が変えていくべきところは、

・彼から愛を伝えられないとすぐ不安になってしまう
・好きなら好きとどんどん伝えるべきだと思っている

このあたりです！　おそらく「素直でありのままの感情」を彼に伝えることが正解だと感じていることでしょう。なので暴力的なまでに「好き好き」と伝えてしまう。そして相手も同じテンションで返してくれないと、不安になってしまうのですよね。

でも、不安を解消するための「好き？」は試し行為です。彼はそれを本能的に察知して、恋心が萎えてしまっています。メロメロ「ど本命」に復活したいのであれば、「尊敬のメスカ」「凛とするメスカ」のステップを踏むべきです！

ど本命復活ステップで
かわいく愛しい女へ!

『気付きステップ』

- 人間の男に「好き」とダイレクトに伝えると追われなくなると悟る

↓

『マインドステップ』

- 愛されてるか不安を解消する方法は、彼を「恋させること」と思い出す!

『行動ステップ』

- 彼に「好き?」と確認したくなったら、いったんやめる
- 彼のいい所、長所を見つける(メモしておくのも有効)
- 「○○なところいいよね」「私にはできないから尊敬するわ」と伝える
- 彼が優しくしてくれたら「愛されてるメモ」にこっそり書き込む
- 後日「こないだ○○してくれたよね、うれしい」と伝える

いったん言葉で「好き」「愛してる」と彼の愛情確認をするのをやめましょう。きっと貴女は感情豊かで「この溢れ出る『好き』を伝えないなんて素直じゃない！」とストレスを溜めてしまうと思います。そんなときのために、彼のいいところや、優しくしてくれたことをメモしておくのです。

メモには2つの効果があります。

1　男は言葉より行動が「愛」。優しさを文章にすることによって、たくさんの愛を感じられる（ど本命ジャッジ予防、凛とするメス力）

2　愛を伝えたくなったとき、男性は「好き」と言われるよりも、自分のいい部分を伝えられたほうが、彼女の愛を感じる（尊敬のメス力）

「大好き！　愛してる！　あなたは？」と感情が先走りそうなとき、必ずこのステップを踏んでください！

愛してるだの、好きだの毎日伝えていいのは、ペットと子供だけです。人間の男はそれをプレッシャーに感じたり、調子に乗ったり、「俺も返さなきゃ」と義務に

感じたり、簡単に言うと恋心が萎えるのです。

彼に愛情を伝えるときには工夫をしなくてはイケマセン。自分が欲しいもの（メロメロ甘々な態度、愛してる好きという言葉）を投げかけるのではなく、**男のプライドにやさし～くタッチしてあげるのが正解です。**

私たちが地球上で彼にとって唯一の「かわいく愛しい女」と思われたいように、男性は地球上で彼女にとって唯一の「尊敬できて頼りになる男」と思われたいのですよ。むしろそう思ってくれる女性に惹かれます。**俺を尊敬して頼りにしてくれる女性は「かわいくて愛しい女」なのです！（貴女の求めてるモノはこの先にあるのや！）**。

彼の「ど本命」に復活したいのであれば、「あなたは私の『ど本命』よ。尊敬してるし、頼りにしてるもん♡」とつねに示してあげること！ それでいて、彼が甘えてきたときに「ダ～メ♡ Ｈ♡」「あ♡と♡で♡」「え？ あなたのこと？ き♡ら♡い（と言いながら抱きつく）」とかわいく逃げたり、女のほうがこれくらいさっぱり甘酸っぱいハニーレモンにならなきゃいけないのです♡ だまされたと思って、しばらく「好き」は封印してど本命復活ステップを実践してくださいね！

ショック！　彼に大きな声で怒られました……。

穏やかだった彼、最近私にイライラしてるのが伝わる……！

「りょう君、聞いてひどいんだよ！　ゆりかってば私が渡したプレゼントに『ウケる』だって！　ウケるって意味わからなくない？　普通『ありがとう』だと思うんだけど！」「あ〜。ゆりかって前から話に出てる子？」「そう、いつも感じ悪い子！」「残念だけどそういう人もいるよ。ほらせっかくお出かけするんだから笑って」「……」「俺はいつでも舞花の味方なんだからさ」

いつも穏やかで安心する言葉をかけてくれる彼。人の悪口言ってるのを聞いたことなない。
ピリッとしがちな私の心をなだめてくれる、良薬みたいな人♡
そういえば何かで「気の強い女性は穏やかな男性が合う」って読んだことある。
私たち当てはまってるかもw　たしかに付き合ってから私、メンタル安定したかも?
昔はよく元彼と怒鳴り合いの喧嘩してたもんw
でもりょう君、モテるから少し心配なんだよね。私以外にその優しさを向けてほしくない……。

「りょう君、私に隠してることとない?」「え?　ないけど?」「ホント?　先週の会社の飲み会の後、この子のインスタフォローしたよね?　ホントに会社の飲み会だった?」「あ〜。別に同期だよ」「同期とわざわざインスタで繋がる理由って何?」「何って別に、男も女も関係なく繋がってるけど?」「心配」「何が?」「りょう君狙ってるかも、この女」「ないない」「見せて。インスタのDM見せてよ」「だから何もないって」「怪しい……」

「あのさ、いい加減にしろよ！　毎回毎回うんざりなんだよ！」

「ひど……ていうか逆ギレ⁈　**見せて！　スマホ見せて！**」

「好きなだけ見なよ」

結果真っ白だった彼。でもあんなに大声で怒ることなくない……？

◇◦◇

大きな声を出すタイプじゃない人が、大きな声出すとびっくりしちゃいますよね。「もしかしてモラハラ？」なんて疑っちゃったり。

穏やかだった彼が自分に対して声を荒げたりして、キャラ変。貴女はこんなふうに戸惑ってはいませんか？

一緒にいるときイライラされることが増えた（昔は平和だったのに）

話に共感してくれないことが増えた（心配や同情してくれたのに）

CASE 4

男を逃げ出したくさせちゃう、喜怒哀楽&妄想激しめの感情暴走系クラッシャー

「いい加減にして」と調子に乗ってるかのように扱われる（優しかったのに）

男性って基本的に共感体質ではありません。なので女性の「聞いて聞いて！共感して」話、いくら穏やかな男性であろうと共感しきれないことがあります。それどころか、まったく共感してくれなくなったり（むしろ穏やかに説教）、そこからエスカレートして大声で叱りつけてくるようになった場合、貴女が「感情暴走系クラッシャー」をしてしまった可能性があります。心当たりはありませんか？

「私の男誰にも渡さん」と仮想敵を作る妄想嫉妬女

1 彼の女友達、元カノ、同僚女のことを異様に意識する
2 「連絡取ってない？」としつこく聞く
3 LINE見せて、DM見せてとしつこい
4 彼のフォロワーチェックを欠かさない
5 いちいち「この人誰？」と連絡先に入っている人、フォロワーを確認する

恋愛しているといつも、

・彼の周りの女をライバル視

・彼の行動を把握してないと気がすまない

・疑うことばかり口にする

・束縛

こんなことを繰り返していると、男性の堪忍袋の緒が切れてしまうのです！

理由は超シンプルに「ダルい」から！ 真っ白なのにしつこく絡んでくる彼女に「はぁ（怒りのため息）」とイラついてしまうのです！

男性心理

男性は信頼してくれない女を愛せない。ましてや口やかましく「浮気」「女」「怪しい」「スマホ見せろ」と言ってくる女に対して極度にイラついてしまう（耳元でうるさい蚊のよう）。限界に達すると大声が出てしまうこともある。

男性はいちいち疑いの言葉やカマをかけられたり、詮索（フォロワーチェック）してくる女性に「俺が何したって言うん？（怒）」と腹を立てます。その結果、つい言葉がキツくなってしまったり、カチンときて大声を出してしまうのです。

貴女が直すべきところは、

・疑いの言葉を投げかけてしまう
・白だと確認せずにはいられない衝動的な面

ココです。マジでココを直しておかないと、**どんなに穏やかな男性のこともブチ切れさせてしまいます**。そして貴女は「やっぱり男なんて！」と大騒ぎしてしまう。このど本命クラッシャーループから抜け出せないと、男性と真の愛情を育むことはできません（ど本命復活不可能や）。

どんな女性も疑い深いイキモノですが、みんなコントロールしています。「**尊敬のメスカ**」「**謝罪のメスカ**」のステップを踏んで、ど本命復活を目指しましょう！

ど本命復活ステップで
かわいいヤキモチ妬き女へ

『気付きステップ』

- いい彼なのに疑ってしまうのは全女性の特徴と安心する

『マインドステップ』

- 疑いの言葉は彼に「大っ嫌い」と伝えるのと同じ。傷つけていいのか? と立ち止まること!

『行動ステップ』

- 彼の行動やスマホを詮索しない(習慣化すること)
- 浮気についてのSNSは見ない(浮気された、不倫された人のSNS)
- 夜遅く不安になったときはLINEしない
- もし疑いの言葉をかけてしまったらすぐに「疑ってごめんね」
- 「こんなに優しい彼氏なのに♡」とハグして甘える

CASE 4

男を逃げ出したくさせちゃう、喜怒哀楽＆妄想激しめの感情暴走系クラッシャー

これまでたくさんの女性の恋愛相談に乗ってきました。**ひとつ言えることは、彼のスマホやSNS監視、行動を聞き出すのは「絶対しない」と決めるしかない！**

これを守れる人はちょっと不安になっても（大体被害妄想、PMS）、ちゃんと自分で冷静さを取り戻すことができます。いちいち彼に「怪しい」とウザ絡みしなくて済むということです。

不安な感情をコントロールできない人は、まず「彼のスマホを見ない！」ここから徹底してください。**もう100万回言いたい。言い訳せず、絶対に詮索癖はやめなさい！　彼の愛は戻ってきませんよ！**　見ないことを継続できれば習慣化されます。そして自分で冷静さを取り戻すことができるようになります。

「浮気されました（泣）」系のSNSやコンテンツも禁止です！　不安になる元を断ち切ってください！

それでも、もしポロッと疑いの言葉をかけてしまったら、すぐに「疑うようなことを言ってごめんね」と謝罪のメス力をすることです。

真っ白な彼を疑う時点で「ごめんなさい」なのですよ。疑われた彼は「アンタなんかどうせそのへんの盛りのついたバカ男と一緒でチャラついてるんでしょ？」

と最低なことを言われたも同然なショックを受けているのですから。

そして最後に「こんなに優しい彼氏なのに……♡」と甘えてハグしましょう。

男性って不思議なモノで、女性から「浮気するんでしょどうせ」と言われ続けると、メンタルが傷つき（そうなのかも……？　俺最低なのかも……）と洗脳されてしまいます。

でも彼女から「最高の彼氏」「信用してる♡」「優しいよね♡」とニコニコ言われ続けると（だろ？ｗ　そのへんのチャラついた男とは違うんだよな俺ｗ）と洗脳されていきます。

男性って女性がかける言葉次第のところあるんですよ。尊敬のメスカで**愛を伝えつつ、いい彼氏に洗脳しちゃいましょう。**それが貴女の不安を解消してくれて「どう本命」復活するステップです！

CASE 4

男を逃げ出したくさせちゃう、喜怒哀楽＆妄想激しめの感情暴走系クラッシャー

彼が私のこと他の女に相談してた（怒）！

私のこと溺愛してたくせに（怒）
他の女にフラついてるんじゃね〜！

「みやびはホントに面白い女だな〜w」「何それ？　どういう意味？」「一緒にいて飽きないってことだよ♡」「む〜w　ホントに？　なんか裏ない？」「ないよw」「あったら絶対許さん！」「だからw　そういうわけわからん踊り踊っちゃうところとかだよw　やめなさいww」

私、自分で言うのもナンだけど、結構クセのあるタイプだと思う。冗談大好きだ

し、女の子らしい、女らしいっていう感じとはちょっと違う。だいたいの男は「……思ってた感じと違うかな（失笑&汗）」ってドン引きするけど、彼だけは大爆笑してくれた上に（すげ～の見つけた！）って宝物でも見つけたみたいな顔して、初対面から喰いついてきた。何？　飲み友希望？　と思ってたら真剣告白されて、爆笑溺愛。こんな関係、男と築けると思ってなかったからめっちゃ幸せ。

だったハズ……。

「ね～、なんか最近さ～、素っ気なくない？　ヒロキ」「あ～、いや？」

めっちゃすっとぼけてるけど、スマホの画面下にして置くようになってんじゃん。ざんね～ん。アンタ油断してるけど、ｉＰａｄからＬＩＮＥ読めちゃうもんね。

ちょっと……。これ、誰この女……！

「彼女がマジで意味わからんところでキレて俺もう疲れ果ててます（涙）美井さんはそんなことしないんだろうな……。俺、このまま結婚していいのやら。客観的な意見が聞きたいです。彼女が翌朝早いと言っていたので、もう寝たほうがいいと声かけたらリモコン投げてキレられました。これって普通ですか？」

「ん〜。私はそういうことではキレたりしないですね……。他に心当たりないですか？」な、何これ〜！

「ちょっと！　ヒロキ（怒）アンタ隠し事してんでしょ！」

◇◦◇

彼女の相談を他の女にしてるの、ま、じ、でムカつく〜（泣怒）。他人に見せない姿を垂れ流されて悔しいったらありゃしませんよね……。

ちょっぴりクセのある貴女のことを溺愛してくれていた彼が、やっぱり貴女の性格に困惑し始めているのを感じて、ショックを受けていませんか？

「そういうところだよ……」とため息をつく（前はウケてくれてたよね？）
「常識で物事考えろ」と叱られる（個性的な発想がいいって言ってたのに）
「少しは周りのこと考えろ」と説教される（意見に耳を傾けてくれてたのに）

個性的な性格って男性は嫌いじゃないんですよ。

それこそ唯一無二の「俺の宝物」と思わせちゃえば、こっちのモノ。

きっと最初の頃は貴女のことをそういうふうに扱ってくれていたのに、いまや貴女のことが手に余って仕方がない。そんな感じに変わってしまったのであれば、貴女の「感情暴走系クラッシャー」が原因かもしれません！


思い浮かんだら即行動に移しちゃう落ち着きゼロ女――

1 カチンときたらキツい言葉や反応を返してしまう
2 彼との喧嘩で絶対負けたくない！
3 「は？」「何？」「ムカつく」あたりを口にしてしまう
4 何か指摘されると人格否定されたみたいでムカついてしまう

彼に対して、
・対抗意識を燃やしすぎ

・キレるとガラ悪くなりすぎ

こんなふるまいをしてしまっていると、彼は他の女性や、信頼している人に対して相談男になってしまうのです！

理由は貴女のことをどう扱ったらいいかわからないから！「こんなの俺がいままでの恋愛経験でつちかってきた『女のトリセツ』には載ってない！」と困惑してしまうのです！

男性心理

男性は面白い女は大好き。ただし、それは相手の女が「理性的に」ふるまえるのであれば。どこに地雷が埋まっているかのような彼女の扱い方がわからないと、周りにSOSを出してしまう。

喜怒哀楽がコロコロ変わったり、頭の回転が速かったり、冗談で渡り合える女性にハマる男はとことんどハマりします。でもそれと感情をコントロールできない好戦的な女は別。むしろハマった深さだけ「もっと常識的な人間にしてあげないと！誰かこのタイプの女のトリセツ知りませんか？」と相談男になるのです（ちなみに男が言う常識的は、理性的、冷静さのことや）。

貴女が変えるべき部分は
・指摘を「否定」と捉えて、反射的に吠え散らかしてしまう

ダントツでココ！　指摘されるとカチンときて「私悪くない！」とガルガルしてしまうと思うのですが、その心理は「私のありのままを受け入れてくれてない」というさびしさからきているのですよ。貴女は頭にきているんじゃない、貴女の中の3歳児が「私に怒らないで！」と叫んでいるだけなんです。
貴女がオトナにならない限り、彼と「ど本命」に復活することはあり得ません。この状況を変えるために、「謝罪のメスカ」でステップを踏んでいきましょう。

ど本命復活ステップで
アドベンチャー宝島女へ！

『気付きステップ』

- 彼に対して反抗してしまう、負けたくない、指摘されたくないのは「ありのままを愛してほしい」からと気付く

『マインドステップ』

- 彼は親でも神でもなく愛し合う他人という意識を持つこと！

『行動ステップ』

- 「なんか指摘されたらイラッとしちゃうことがある、私のこと思ってくれてるのにごめんね」と素直にこれまでのことを謝罪する
- イラッとしたら10秒数える、その間は無言（心の深呼吸〜）
- キレそうになったら、手のひらに割らないよう大切に卵を持っている姿をイメージ

感情がハッキリしている女性は、ネガティブな部分をコントロールできるようになるだけでいいんです！　彼は貴女の喜怒哀楽がハッキリしていて、コロコロ表情が変わり、自由奔放な発言をする姿に惹かれました。「ガチギレ女」に惹かれたワケではないのです。

ガチギレしたり、ヒステリックな女を愛する男はいません。「ど本命」は神様ではないのです。それでも貴女のことを見捨てられない。だから貴女に「常識で考えろ」と厳しいことを言い、相談男になって、なんとか二人の関係がよくならないか？必死に模索してくれているのですよ！

まるで思春期の少女のようにトゲトゲな心をなだめる方法はひとつ。一番身近な存在に素直に謝罪のメス力ができるようになること。

ひどい態度をしたらごめんなさい、相手を傷つけたら素直に「私が言いすぎた」としおらしく謝る。

「ごめんなさい」は負けではありません。人間界のマナーですよ。

CASE 4

男を逃げ出したくさせちゃう、喜怒哀楽&妄想激しめの
感情暴走系クラッシャー

やっと出会えた、クセのある貴女を愛してくれる「ど本命」、その彼に素直な気持ちで「ごめんね」と言えるようになると、不思議なことが起こります。

貴女が抱えていた、怒りや悲しみも同時に手放すことができるのです。貴女の心のトゲトゲが抜けていくのです。そのトゲを抜くのは、貴女以外にはできないこと。彼に抜かせようとすると、彼まで血まみれになります。その先には不健全な「共依存」の関係しか待っていませんよ。いままでもそんな関係の異性がいて、苦しんできたのではありませんか？

「ごめんね」を通じて、心が開かれていく。彼も素直な貴女に感化されて、他人に相談男するのはやめて、目の前の貴女を愛してくれる日が戻ってきますよ。

愛は卵みたいなもの。キレそうになったら、手のひらに卵を大切に持ってるところをイメージしてくださいね。かわいくてツヤツヤで脆(もろ)い愛の卵を♡

「もう付き合いきれない」って距離置かれた！

私のことを全力で受け入れてくれた彼、離れていきそう！　助けて！

「俺はミカコが大好きなんだよ？　だからそういうこと言わないの」「だって、私京介にひどいこと言っちゃったよ？　嫌いになっちゃったんじゃない？」「そんな簡単な気持ちで付き合ってないから」「うん……信じていい？」「うん！」

感情の起伏が激しい私のこと、受け入れて包んでくれる彼。安心感に包まれる感覚がすごい。５年付き合った元彼に浮気されて、しかもそっちとデキ婚されてマジで男性不信をこじらせてる私の性格を理解してくれているんだよね。
「大丈夫だよ、俺はミカコのこと裏切ったりしないから」ってつねに予定をＬＩＮＥしてくれて、夜「不安だよ」ってＬＩＮＥすると、会いに来てくれたり電話してくれたり……。ちゃんと心から寄り添ってくれる。これが「ど本命」ってことなんだって、巡りあえたことに感謝してた。けど……。

彼に「もう付き合いきれないよ　俺たち距離置いたほうがいいんじゃない」って言われちゃった……。

「え？　なんで？」「だって、ミカコ何度目？『男なんか信じられない、京介もどうせ浮気するんでしょ』って言うの」「だからごめんって……」「俺、ミカコのこと大好きだから、だから不安にさせないように連絡もマメにして、休みの日も友達より何よりミカコを優先してこの一年やってきたよ。どこまでやれば、いつになったら信じてくれるの？」「……信じてるよ」「じゃ、なんで浮気がとか、他の男みたいに裏切るとか言うの？」「……大丈夫だよ、って言ってもらえると安心するから」

「俺、疲れたよ。ミカコとは結婚も考えてた。でもこの先もずっと疑われて否定して、ミカコのフォローしてって、そんなんで家庭持って子供とか育てられると思う？」「何それ？　私が母親に向いてないって言いたいの?!」「ほら、そうやって話にならない……。俺、疲れたよ……」

ヤバい、助けて！

◇◦◇

めんどくさい部分も受け入れてくれていた彼が離れていく～！　自分のやらかしを痛感しすぎて心が痛くなりますよね。

貴女は「ど本命」として全部を受け入れて愛してくれていた彼をトコトン疲れ果てさせてしまってはいませんか？　こんなふうに。

彼が明らかに疲れている（仕事にも無気力！　昔はキラキラしてたのに）

一緒にいても笑顔がなく無口（前は会えるだけでウキウキしてくれてたのに）

「距離を置こう」と苦しそうに言われた（いつも一緒にいたがってたのに！）

CASE 4

男を逃げ出したくさせちゃう、喜怒哀楽&妄想激しめの
感情暴走系クラッシャー

疲れているときなんて誰にでもありますよ。「ど本命彼氏」だって、疲労が溜まっているとき、仕事でトラブルに巻き込まれているとき、365日常に笑顔でイキイキしているだなんて、ムリに決まっています。でも疲れ果てて、顔もやつれ、身なりもテキトーになり、会話も上の空。こんなふうになった上に「距離置きたい」「疲れた」「俺はどうしたらいいわけ?」と困惑させてしまっている場合、貴女の「感情暴走系クラッシャー」に大きな原因があるかもしれません!

不安な感情をぶつけまくる感情暴走女

1 元彼やおクズ様と彼を比較して不安になり、それを本人にぶつける
2 ヒステリックに「どうせ○○するんでしょ(泣)」と叫ぶ
3 彼がなだめてくれたら安心する
4 すると急に申し訳なくなって「ごめん」と謝る
5 このループを繰り返している

彼に対して、

・自分の不安を解消してほしいと感情をぶつけがち
・口では「ごめん」と言うけど反省はしないから繰り返す

こんなことを繰り返している女性は、最終的に彼に去られてしまいます！
なぜなら男性からすると、信じてくれない女といるのは「苦行」以外の何物でもないからです！

男性心理

男性は愛してる女性の不安を解消したいと願い、動く。でもいつまでも信じてもらえないと、深く失望し、無気力になり、彼女のそばにいることすらできないくらい疲れ果ててしまう。

男性は女性から信じてもらうことで、愛情を感じます。信じてくれないということは、彼女から「お前はそのへんのおクズ様と同類のバカ男！　恥を知れ！」と罵られているくらい心にダメージを負ってしまうのです……（自覚しておった？）。

貴女が変えるべきところは、

・元彼、父親、おクズ様と彼を同一視してしまう
・「ごめん」が口先だけで繰り返す
・不安を人に解消させようとしすぎ

ココですよ！　「彼とその他の男」「自分の不安と彼の心」すべてを一緒くたに考えてしまうところです。彼はその他の男性と同じ人間ではありません。比較されると彼は傷ついてしまいます（元カノと比べられたらどうよ？）。貴女の不安は貴女が解消するべき感情であり、彼に解消させるべきことじゃないのですよ。

「ど本命復活」するためには、心からの「謝罪のメスカ」と「尊敬のメスカ」のステップを根気強く踏んでいくしかありません！

ど本命復活ステップで
彼に勇気を与える女へ!

『気付きステップ』

- 彼とおクズ様は無関係な存在、比較する時点で無駄と悟る
- 貴女の不安の9割は「脳内での勝手な被害妄想」と気付く

『マインドステップ』

- 同じことを繰り返さない自分になって、人生を塗り替える!

『行動ステップ』

- 「あなたは悪くないのにいままで疑ってごめん」としっかり謝罪する
- 不安になったら彼に言う前に「待てよ、現実には起きてない話じゃない? これ妄想だよね?」といったん立ち止まる
- 無気力で弱っている彼に、いままでしてくれてうれしかったことを思い出話として語る

CASE 4

男を逃げ出したくさせちゃう、喜怒哀楽＆妄想激しめの
感情暴走系クラッシャー

正直、多くの女性がこのように脳内で勝手に想像して不安になり、彼に八つ当たりをして深く傷つけ、恋を終わらせてしまっています（ど本命クラッシャーや）。

元彼が今世紀最大のおクズ様でも、父親がDV男で借金作って飛ぶような男でも、貴女の彼といったいなんの関係があるのですか？

逆に置き換えてください。「元カノが性に奔放な女だったから君もいろんな男に○開かないか不安」「母親が育児放棄して男と駆け落ちした。君の姿と重なる」こんなこと言われたらどうですか？

多くの女性がこういうことをやらかしているのですよ！　他の男と彼を同一視するのはやめること！　その上でいままで散々疑って彼を傷つけてきているのですから謝ってください！

「いままで意味もなく疑ってごめんね」の謝罪のメス力と、「それでも私に寄り添おうってしてくれて、広い心で私を支えてくれて……そういうあなたの強さを尊敬してるし、私も変わろうと思う」と尊敬のメス力を、ちゃんと目を見て伝えるのです！

信じてもらえない状況が続いて、彼の心はすり減って無気力になっています。すぐに「ど本命」として愛するくらいのエネルギーは戻ってきません。

貴女がただ笑顔で過ごし、泣いたり叫んだりして不安をぶつけず、「あのときも楽しかったね♡」と彼がしてくれたことへの思い出話を**最低1ヶ月**は続けていきましょう。


不安になったら「これって妄想じゃない？」と気が付くこと。それに気が付けると、「なんでそんな妄想したんだろう？」「あ、さっきSNSで元彼に似てるおクズ様話読んだから？」「なるほど、無意識に不安になるスイッチ押してたんだ」など、**彼と自分の間で起きたことじゃなく、不安になる要素を外部で見かけたからか！** と気が付けるようになります。自分の感情を観察できるようになると、クラッシャーの回数が減ってきますよ。

彼の元気を取り戻すため、そして人生を「不安な妄想」に台無しにされないために、ステップしっかり踏んでいきましょうね！

感情暴走女は
「男を追い込む」クラッシャー

感情をコントロールできないと、男性と冷静に話をしたり、関係を壊さないように立ち回ることができません。

その場その場の感情に乗っ取られて、行き当たりばったりな言動を繰り返し、しかもそれがかなり自分本位なので、男性は振り回されて疲れてしまうのです。その結果、優しい男性でもイラッとさせてキレさせてしまったりします。

貴女はまず、いったん立ち止まって「このことを伝えることが本当に二人にとってベストかな?」と判断することが大切です。世の中ありのままの自分をさらけ出せる相手の方がいいなんて論調がありますが、それは「お互いのためにならないことは黙っている賢さ」を踏まえた上での話なのですよね。

「立ち止まる」。これを貴女のテーマにして、言葉の刃で彼をチクリと刺さないでください。それだけで、意味のない喧嘩、争いを避けられて「感情豊かで配慮のあるど本命」として愛されるのですから♡

COLUMN

素人には難易度高すぎ！
依存症おクズ様

世の中には様々な依存症があります。貴女がこれらの依存症を受け入れられない場合、離れたほうがいいです。

・喫煙者(簡単にはやめられません。目の前で吸わないで、が妥協点)
・ギャンブル大好き（素人がやめさせるのはムリ!)
・借金癖（借金男と結婚した女性はほぼ離婚)
・風俗狂い（風俗大好きな男性はやめられない)
・ハ◯撮りや寝取らせをしつこく強要（一度拒絶してもしつこい男は直りません)
・女友達優先男（やめとけ、悪いことは言わん)
・ＤＶ男（一度でも女に手を上げた男は子供もぶつ可能性あり)
・虚言癖（嘘を繰り返す、婚歴経歴なども嘘つく男は要注意)

ＤＶ男などは、もう違法おクズ様なのですよ。貴女の命が危険に晒されていると気が付いて、すぐ警察に相談してください!

おわりに CONCLUSION

恋愛は究極の自分磨き

神崎メリです。最後まで読んでいただきありがとうございます。

恋愛っていうのは、人を愛し、そして愛されるために自分を磨いていく行為だなとつくづく感じます。

男性は女性が思う以上に繊細です（大きく見せようとしていてもw）。

女性の負の感情を受け止めきることなどできませんし、それを求めるのは酷です。なので男性とよい関係を長期的に築いていくためには、「どうして私は『ど本命クラッシャー』してしまうのか？」すなわち、生い立ちや家庭環境、恋愛のトラウマなどと正面から向き合っていくことが不可欠です。

本書のステップを踏むうちに、自分でもすっかり忘れていたことに捉われていたたと気が付いたり、自分が向き合うべき課題が見えてくることがあると思います。その苦しみの中で立ち止まらないために、「マインド」のステップと「行動」のステップを踏み続ける。すると苦しみが少しずつ昇華される。そんな不思議なことが起こります。

愛されるために自分の心の声と向き合い、愛すること（行動）で苦しみが癒える。これが「ど本命」とお付き合いすると起こる素晴らしいカタルシスです。彼の優しさだけでは癒されなかった貴女に、本書のステップはそういった意味でも力になれると思います。

そして苦しみが癒されイキイキと過ごす貴女の魅力的な姿に、彼は「俺と付き合って幸せそうでよかった！」と癒されるのです。

愛し愛される「ど本命」はこうしてお互い幸せになるのですよね。

必要以上に何者かを目指す必要も、爆美女を目指す必要もありません。貴女がイキイキとしているだけで、たった一人の男性を心から幸せにできる、とてつもない価値があることに気が付いてくださいね。

だから、いろいろなものに惑わされず、愛の道を歩いていきましょう。

私もご一緒します、どこまでも。

神崎メリ

MERI KANZAKI

恋愛コラムニスト。1980年、ドイツ人の父と日本人の母の間に生まれる。自身の離婚・再婚・出産の経験をもとに「男心に寄り添いながらも、媚びずに女性として凛と生きる力」を「メス力（りょく）」と名付けSNSやブログで発信したところ、瞬く間に大人気となり、コメント欄には女性たちから共感の声が殺到。恋愛や結婚、夫婦生活に悩む幅広い年齢層の女性たちから、厚い信頼と支持を集めている。
おもな著書に『眠れない夜の恋愛処方箋』（講談社）、『ど本命の彼から追われ、告られ、秒でプロポーズされる！ 秘密の「メス力」 LESSON』『メリ子先生、わたしどうしたら大好きな彼と幸せになれますか？』（SBクリエイティブ）、『「本能」を知れば、もう振り回されない！ 恋愛&婚活以前の男のトリセツ』（マガジンハウス）、『大好きな人の「ど本命」になるLOVEルール～“運命の彼”にめぐり逢い、ずーっと愛され続けるための秘密の法則』（大和書房）、など。著書の累計部数は35万部を超える。

X

Instagram

もう一度、恋させるために

2024年3月18日発行 第1刷

著者 神崎メリ

発行人 鈴木幸辰

発行所 株式会社ハーパーコリンズ・ジャパン
東京都千代田区大手町1-5-1
04-2951-2000（注文）
0570-008091（読者サービス係）

装丁・本文デザイン アルビレオ

イラスト 大島悠

DTP Mojic

著者エージェント アップルシード・エージェンシー

印刷・製本 ベクトル印刷株式会社

ISBN 978-4-596-53953-3

ハーパーコリンズ・ジャパンの
ホームページ